JN074420

M&A Booklet

「PBR 1倍割れ」 の基礎知識

M&Aによる価値向上への処方箋

守山 啓輔〔著〕

中央経済社

M&Aブックレットシリーズについて

　私は約30年間M&Aの世界に身を置いている。

　この間、国内外のさまざまな企業による多くの実例が積み上がり、今では連日のようにM&Aに関連する報道が飛び交っている。一方で、「M&Aってどんなこと？」と敷居の高さを感じる方も多いのではないだろうか。

　本シリーズはこの現状に一石を投じ、学生や新社会人からM&A業務の担当者、さらにアドバイスする側の専門家など、M&Aに関心のあるすべての方々にご活用いただくことを念頭に、「M&Aの民主化」を試みるものである。

　本シリーズの特徴は、第一に、読者が最も関心のある事項に取り組みやすいよう各巻を100ページ前後の分量に「小分け」にして、M&A全般を網羅している。第二に、理解度や経験値に応じて活用できるよう、概論・初級・中級・上級というレベル分けを施した。第三に、多岐にわたるM&Aのトピックを、プロセスの段階や深度、また対象国別など、テーマごとに１冊で完結させた。そして、この "レベル感" と "テーマ" をそれぞれ縦軸と横軸として、必要なテーマに簡単にたどり着けるよう工夫をこらしてある。

　本シリーズには、足掛け５年という構想と企画の時間を費やした。発刊に漕ぎ着けたのは、ひとえに事務局メンバーの岩崎敦さん、高橋正幸さん、平井涼真さんのご尽力あってこそである。加えて、構想段階から "同志" としてお付き合いいただいた中央経済社の杉原茂樹さんと和田豊さんには、厚く御礼申し上げる。

　本シリーズがM&Aに取り組むさまざまな方々のお手元に届き、その課題解決の一助になることを願ってやまない。

シリーズ監修者　福谷尚久

はじめに

「株式市場での『PBR 1 倍割れ』の低評価をどうしたら変えられるのか？」
―上場企業経営者
「『PBR 1 倍割れ』の銘柄は買いなのか？　それとも永遠に放置されるのか？」
―株式投資家

　1980年代後半のバブル経済が崩壊してから30年余りが経ちますが、その間、日本の株式市場ではこんな議論が何度も繰り返されてきました。しかし、少子高齢化や二十数年も続いたデフレの下では、「株価は市場が決めるのだから…」という諦めに似た感情が改革の機運を押さえつけ、議論の熱が冷めるのが常でした。その結果、多くの上場企業で問題解決へ向けた本格的なチャレンジは後回しにされました。

　しかし、ここに至ってPBR（株価純資産倍率）の 1 倍割れの問題は、経営者や市場関係者だけでなく、働く人たちや株式投資に興味を持つ人たちの関心を集めるようになりました。

　そのきっかけは、デフレからの脱却へ向けた道筋が見え始め、不動産などの資産価格の上昇に出遅れていた株価が遂に上がり始めたことでしょう。加えて、2023年 3 月末に東京証券取引所（東証）が公表した「資本コストや株価を意識した経営の実現に向けた対応について」がこの流れを勢いづけました。

　資本コストとは、企業が事業を行うために調達した資本に係るコストのことで、①株主から調達する株主資本コスト、②銀行などの債権者から調達する負債コストからなります。株主資本コストは、かつては「タダ」と思われていました。驚くような話ですが、今もそう考える企業は少なくありません。

　東証が「PBR 1 倍割れが続く企業」へ状況の改善を強力に求めたことで、企業経営者、市場関係者、投資家の変革のベクトルが同じ方向を向いたのです。

　本書の狙いは、企業が株式市場における企業価値を中長期的に向上させるためのアクションを考え、その実現の手段としてM&Aやスピンオフの有効性を解説することです。

　第一は、PBR 1 倍割れの問題点を整理し、企業価値を測る手法の中でなぜPBRが注目されるのかを説明します。

　第二は、PBR 1 倍割れを克服するための手法です。それには、自社株買いや増

配といった一過性の手段ではなく、持続的な収益性の向上、すなわちROE（自己資本利益率）の向上が必要です。加えて、株式市場に企業価値の持続的な向上がホンモノであると納得させ、それが今後も続く期待を持たせることが重要です。持続的なROEの向上とPERの切り上げが両輪となって、企業価値（PBR）が向上することを解説します。

　第三は、企業価値の中長期的な向上には、既存の経営資源を使う（オーガニックグロース）戦略と他社との提携や買収などによる（インオーガニックグロース）戦略の合わせ技が必要になることです。

　インオーガニックグロースとは、M&Aやスピンオフを活用して戦略部門の絞り込み、非戦略部門の売却を進めることです。こうしたポートフォリオ経営の発想は、株式市場と投資家が求める株式会社のあり方とよく馴染みます。この親和性の高さは、日本的経営を指向する企業も無視できません。株式市場から見た企業の成長とは、①本業を成長させ、②それにふさわしい評価（PBRやPERなどのバリュエーション）を市場から獲得し、③それをテコにM&Aを成功させ、④さらに成長を続け、⑤これを繰り返すことです。

　これこそが本書のタイトルでもあるPBR 1倍割れ問題とM&Aによる企業価値向上を結びつけるポイントなのです。

守山啓輔

目次

第6章　アクティビストが起こす変化

第7章　上場の戦略的再考

「PBR１倍割れ」の
基礎知識

第１章ではPBR１倍割れに関する基礎知識を整理し、なぜ
PBRが注目されるのかについても明らかにします。

1 オーガニックグロースとインオーガニックグロース

新型コロナウイルスの感染拡大以降、企業を取り巻く環境は大きく変貌しています。

物価の上昇と金利の復活（超低金利の終わり）、グローバル化の途絶、デジタル化の加速、カーボンニュートラル社会への移行、そしてSDGs（持続可能な開発目標）を始めとする企業の社会的責任の高まりなどが関連し合い、時を同じくして起きています。

本書で一貫する重要な論点は、「いかにして株式市場における企業価値を持続的に高めるか」です。これは、一時的な株価対策に頼るのではなく、基礎体力を強化した企業が利益を安定的に伸ばすことで市場の評価を高め、企業価値を向上させることが重要であるとの考え方に基づきます。

企業価値を持続的に高めるには、2つの方法があります。1つは、自社が持つ商品、サービス、人材、技術など、既存事業を活かして利益を増加させる成長戦略（オーガニックグロース）です。しかし、企業を取り巻く環境が大きく変化する下では、変化に迅速に適応できません。そこで注目されるのは、もう1つのアプローチであるインオーガニックグロース、すなわちM&Aによって自社を変容させる成長戦略です。

両者のどちらが正しいかは一義的に決められません。日本企業はオーガニックグロースを重視する傾向が強く、M&Aを利用する企業はまだ限定的です。しかし、2つのアプローチを柔軟に使い分けることは、今後すべての企業にとって重要になります。特に、M&Aの活用は、本書でさまざまな形で解説します。

2 企業価値を測定する指標

（1）ROEの持続的な向上とM&Aの活用

企業価値を測る重要な指標として、ROE（Return On Equity：自己資本利益率）があります。ROEは企業の自己資本（株主資本）に対する当期純利益の割合を表し、企業が投資家（株主）から預かった資本を元にどれだけの利益を上げている

かを表します。

　企業が自社の株価を意識し、PBR1倍割れの問題に取り組むことは、企業が
ROEを持続的に向上させ、それにふさわしい評価（バリュエーション）を獲得す
るために市場に働きかけることでもあります。経営者の使命は企業価値を持続的
に向上させることです。そのためには、オーガニックグロースとインオーガニッ
クグロースを経営環境によって柔軟に使い分けて企業価値を高め、株式市場で正
当に評価してもらうことが重要になります。

　一方で「時間を買う」M&Aは、成功する場合も失敗する場合もあります。
M&Aが有効かを考える際には、現状の延長線上での事業展開と比べ、シナジー
効果で新しい企業価値を創れるかがポイントです。その決め手は、①明確な
M&A戦略の策定、②適切なプライシング（買収価格）、③M&A成立後の統合プ
ロセス（PMI：Post-merger Integration）の実行などです。これらをクリアでき
れば、M&Aは成功しROEは持続的に向上するのです。

（2）株式市場がPBRに注目する理由

　PBR（Price Book-value Ratio：株価純資産倍率）とは時価総額を純資産で割る
もので、株価が割安か割高かを判断する指標です。株価をBPS（Book-value Per

図表1-1：PBRとは何か？

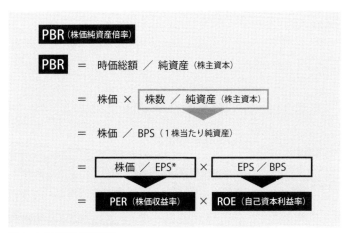

*Note：1株当たり純利益

Share：1株当たり純資産）で割っても同じ結果になります。PBRは、「会社の値段」が解散価値である純資産の何倍あるかを表しています（**図表1-1参照**）。

PBRと同様によく使われるのが、PER（Price Earnings Ratio：株価収益率）です。PERは時価総額を純利益で割るもので、株価をEPS（Earnings Per Share：1株当たり純利益）で割っても同じ結果になります。PERは、「会社の値段」が純利益の何倍かを表したものです。

株式市場がPBRに注目する理由は、毎期の企業活動の結果が蓄積されたBPSを、持続的な企業価値の向上の指標として見るためです。

株価評価でよく使われるのは、企業が稼いだ1株当たり純利益を表すEPSです。例えば四半期決算の発表時には、四半期EPSが市場予想の四半期EPSを上回ったかどうかで株価が上下します。これは企業の損益計算書（Profit and Loss Statements：P／L）に注目する見方で、企業業績の瞬間風速と今後の方向性（株式市場ではモメンタムといいます）を見るうえでは極めて重要です。とはいえ、四半期EPSの動きにあまり振り回されると、短期志向になってしまいます。企業価値の持続的な上昇を見るうえでは、その点を踏まえておく必要があります。

これに対し、株価の評価にBPSを用いるのは、企業の貸借対照表（Balance Sheet：B／S）に注目するアプローチです。これは、企業の資産・負債の構成とキャッシュフローを生み出す仕組みに基づき、企業活動が持続的な価値向上に寄与しているかを測る見方です。企業価値の持続的な向上のための活動の成果を表す指標としてBPSとPBRに注目することは、EPSとPERに注目するのと比べ、企業活動を中長期的かつ多面的に見ることにつながります。

企業を見るうえでは、EPSとBPS、PERとPBRのそれぞれの意味を理解し、複眼的な評価を行うことが重要です。

3 ROEの向上とPBRとの相関関係

（1）ROEの向上

ROEの向上には、稼ぐ力の改善、資本の効率的活用、株主還元の強化などが有効です。このうち、資本の効率的活用、すなわち株主から預かった資本を事業に効率的に使って利益を上げる考え方は、日本企業にはこれまで十分に浸透していなかったかもしれません。資本の効率的活用がなぜ重要かは、株主の立場に立っ

て考えると理解できるかと思います。例えば、事業機会があるにもかかわらず設備投資を行わず、万が一に備えて現金を貯めこむばかりの企業は、この企業に投資をした株主から利益を上げる機会を奪っているといえます。また、配当や自社株買いを通じた株主還元の強化は、株主に利益を還元するほかに、資本を効率的に活用するために余剰資本を株主に返すことでもあります。

　株主還元を強化する企業を、株式市場は自社の株価を意識し、企業価値の向上に積極的に取り組む姿勢を示していると前向きに評価します。その前提として、企業は毎期計上される利益のうち、どれだけを投資や研究開発（R&D）に回し、どれだけを株主に還元するかについて市場に明確なメッセージを伝えることが極めて重要です。これに対し、株式市場に見取り図を示さず、「市場からの圧力がキツイから」という理由だけで当期純利益に占める配当金の割合を示す配当性向を同業他社並みに揃えるやり方は、短期的な株価浮揚効果はあるかもしれませんが、中長期的な企業価値の向上にはつながらないでしょう。この点は株式市場もお見通しです。

（2）PBRとROEの相関関係

　PBRとROEには重要な相関関係があります。図表1-1の数式が示すように、PBRは株価をBPSで割って得られます。4行目にあるように、EPSを分母と分子に挟むと得られるのが5行目の等式です。この等式はPERとROEを掛けたものがPBRになることを表しています（**図表1-2**参照）。

　これはROEが高ければ、それに応じてPBRも高い水準まで許容されることを示します。すなわち高ROEが続くなら、社外流出後の利益が株主資本に加算されて、高いPBRが許容されるのです。ROEの水準は、8％を超えればグローバル投資家からも魅力ある企業として映る1つの基準となりうるとされています。これは2014年の伊藤レポート（後述）で紹介されたことで広く知れ渡り、企業経営者や金融市場関係者から大きな反響がありました。

　本書では、適正な規模の資本を使って最大の利益を上げる企業を前向きに評価する、株式投資家の視点から論考を展開しています。これに対し、社債の投資家や銀行は（万が一に備えて）投資先・貸出先の企業には可能な限り十分な資本を維持し、社債・貸出金の棄損を避けることを要求します。このため、エクイティ（株式）投資とデット（社債・貸出金）投資は往々にして対立します。ここでは、

図表1-2：PBRとROEの相関関係

PBR
✓企業について市場が評価した値段（時価総額）が、会計上の解散価値である純資産（株主資本）の何倍かを表す
✓一般的には、PBR水準1倍*が株価の下限であると考えられるが…

PBR と **ROE**（自己資本利益率）の関係
✓ROEが高ければ、それに応じてPBRも高い水準まで許容される
✓すなわち、高ROEが持続するなら、社外流出後の利益が株主資本に加算され、高いPBRが許容される

*Note：市場が評価した値段＝会計上の解散価値

持続的な企業価値の向上の観点から、成長のためにリスクテイクする企業行動を前向きに評価するエクイティ投資の視点に立って議論を進めます。

4 PBR1倍割れ企業が存在する3つの理由

（1）株価はどこまで下がるのか

　株価はどこまで下がるのでしょうか。一般的に考えられる株価の下限はPBR1倍までです。これは市場が評価した値段が解散価値である純資産と等しくなる水準であるためです。企業が営む事業が利益を生む限り、株価は純資産を上回るはずです。逆にいえば、PBRが1倍を下回るなら、その事業は何らかの理由で持続的に利益を生むとは見なされず、会社を解散して純資産を株主に返したほうがましだということです。

（2）セオリーどおりにはならない3つの理由

　ところが、現実の株式市場ではセオリーどおりにはならず、株価が会計上の解散価値である1株当たり純資産を下回るPBR1倍割れのまま取引されている上場企業が数多く存在します。

その理由は第一に、企業が生み出す利益の水準に対し、必要以上に大きな純資産を抱えていることです。このような企業に対し、株式市場は株主から預かった資本を有効に活用して事業を拡大しているとは見なしません。株式市場は必要以上の自己資本を抱えていると判断し、余剰資本を配当や自社株買いで株主に返すことを要求します。

第二は、株式市場が当該企業のBPSがこれから減少すると予想し、それが1倍割れのPBRに織り込まれていることです。本来なら安定的に増加するBPSが減少するのは、その企業が異常事態にあることを示しています。何らかの理由で純損失が続く場合や資産デフレが進む場合が考えられます。前者は例えば、当該企業のビジネスモデルが崩壊して利益またはキャッシュフローを生み出せなくなり、それを補うために借入金が急増する結果、バランスシートが悪化して、企業価値の持続的な向上が困難になる（純損失が続く）事態です。後者は1990年代後半から2010年代前半の間に日本で見られた現象で、不動産や有価証券などの資産価格の継続的な下落によって時価評価した資産が減少するケースです。資産価格の下落が見込まれる中、総資産から総負債を引いて得られる純資産が、今より将来のほうが小さくなると市場が考えれば、株価は売り込まれ、そのまま放置されます。

第三は、そもそもその企業の存在が株式市場で十分に知られておらず、株価が企業価値を正しく反映していないことです。これは企業が株主・投資家に対し自社の戦略や業績を伝える活動（IR：Investor Relations）を十分に行っていないため、または日本の株式市場全体がグローバルな市場間競争に劣後した結果、株主・投資家がその企業を見つけられないためでもあります。ここは案外見過ごされがちですが、実はとても深刻な問題です。どんなに素晴らしい企業でも、株式市場の中で埋もれてしまえば、その企業は本来あるべき企業価値以下の評価しかされないからです。

5　PBR1倍割れの先にある落とし穴

（1）投資家や企業によるM&A

PBR1倍割れ、すなわち株価が会計上の解散価値である1株当たり純資産を下回る状態にあると、本来であればその株式は割安な水準にあると見なされ、投資

家の買いが入って株価は上がるはずです。それが起きないのは、前述の３つの理由のどれかが当てはまりますが、その背景には株式市場がその企業や業界の将来性に問題があると見ている可能性があります。

　PBR１倍割れの状態が続いていれば、大多数の投資家はその株式を売って株主をやめます。一方でその企業が展開する事業に市場がまだ気づいていない価値があり、将来の利益が拡大すると考える投資家や企業は、その企業の株式を解散価値以下の割安価格で取得します。M&Aによって新たな企業価値を創造できるインオーガニックグロースのチャンス到来です。このような見方をする投資家や企業がほかにも現れてPBR１倍割れ企業が次々と買収されれば、業界再編が進み、停滞していた業界が活性化する可能性もあります。

　買収される側の企業の視点に立って見ると、PBR１倍割れの状態が続く最大のリスクは、M&Aによって自社の経営権を失ってしまうことです。企業は自社の株価がPBR１倍割れを続けることのリスクをあらためて認識するべきです。

（2）アクティビストからの圧力

　株式を買い増し、経営者に対して株主として働きかけて企業価値の回復を図ろうとする投資家も現れます。これがアクティビストです。

　アクティビストは、「個別企業の経営課題が長期にわたって改善されない場合に、一定数の株式を取得して株主として当該企業の経営陣に提言を積極的に行い、企業価値の向上を目指す投資家」と定義されます。日本では「物言う株主」とも呼ばれ、①経営陣との関係構築、②株主提案権の行使、③反対票キャンペーン、④会社提案議案の否決に向けた委任状争奪戦（プロキシー・ファイト）などの戦術を駆使して、企業価値の向上を目指します。アクティビストは必要以上の自己資本を貯めこんでいる企業に対して株主還元の強化を要求することが多いため、企業が営々と築き上げた利益を短期間で収奪する存在と受け止められます。アクティビストが「ハゲタカ投資家」と呼ばれるのはそのせいです（**図表１−３**参照）。

　アクティビストについてはあらためて述べますが、PBR１倍割れの状態が続けば、株式市場からの圧力が高まり、経営者は交代を迫られます。こうした傾向は今後強まるでしょう。

図表1-3：アクティビストの主な戦術

アクティビストの戦術	
戦術	アクティビストの類型
関係構築	すべて
株主提案	個人、利益団体（支援団体）
反対票キャンペーン	機関投資家（長期投資）
委任状争奪戦（プロキシー・ファイト）	ヘッジファンド（短期投資）

バビロン：
"クレジット"から"エクイティ"の時代へ

> 「バビロン」（2022）は、1920年代のハリウッドが舞台。映画がサイレント（無声映画）からトーキー（映像と音声が同期した映画）へ移行する時代に、業界の変化の波に翻弄される人々の人生を描いた映画です。

企業がPBR1倍割れを克服するには、自社株買いや増配といった株式市場にアピールする方策に頼るだけではなく、ROE（自己資本利益率）の向上につながる施策に持続的に取り組むことが求められます。そのためには、今ある資本を株主に還元するより成長投資に回すほうが中長期的には高いリターンをもたらすことを株主に説明し、賛同してもらうことが必要です。すぐにでも株価を上げたい経営者にとっては回りくどいやり方に思えますが、これこそが株価を上げて中長期にわたって株主に報いる王道なのです。

一方、銀行や社債権者は企業に対して強固なバランスシートと高い信用格付けを望みます。債務不履行の可能性を抑え、元本が戻ってくるようにしたいのがその理由です。彼らは株式投資家とは異なり、企業が自己資本を株主に返したり、うまくいくかどうかわからない成長投資によって自己資本を危険にさらしたりすることには、そう簡単には賛同してくれません。

　このように株主（エクイティの投資家）と
銀行や社債権者（デットの出し手、クレジッ
トの投資家）の行動原理は180度異なります。
企業がPBR1倍割れを克服することは、基本的にはエクイティにポジティ
ブ、デット（クレジット）にネガティブな企業行動だと整理できます。

　2008年のリーマンショック（グローバル金融危機）以降、多くの企業
は自己資本を充実させるクレジット重視の財務戦略をとりました。それは、
90年代後半の金融危機からたびたび繰り返されてきた貸し渋り、貸し剥
がしの記憶が鮮明に残っていたためです。この結果、リスクを取って成長
投資を行う起業家精神を委縮させ、経済全体のデフレマインドを長期化さ
せました。

　デフレからの脱却が視野に入る中、企業がPBR1倍割れを克服するこ
とは、リーマンショック以降長らく続いたクレジット重視の姿勢をエクイ
ティ重視の姿勢にシフトすることにほかなりません。

　ハリウッドがサイレントからトーキーへ移行したほどの大変化ではあり
ませんが、企業もデットからエクイティへ重心を少しずらすだけで、株式
市場に大きな地殻変動が起きるはずです。

第 2 章

「PBR 1 倍割れ」から
見える日本企業の現状

　この章では、PBR 1 倍割れを切り口に日本企業の現状を見ます。日本企業の問題点を克服するために2014年の伊藤レポートが果たした役割と比較し、今回の東証の要請が伊藤レポート以来の大変化をもたらす可能性を解説します。

1 株式市場の動向とPBR、ROEの国際比較

（1）デフレからの完全脱却が視野に入った株式市場

　2024年3月29日終値の日経平均株価は40,369円です。2月22日には1989年12月29日の過去最高値38,915円をようやく更新し，社会的にも大きな話題となりました。当時（1989年12月末）と2023年12月29日終値のTOPIXのバリュエーションを比較すると，PERは61倍に対し18.3倍，PBRは5.6倍に対し1.4倍です[1]。当時は通常時では説明がつかないほどの高水準でしたが，現在の株式市場にはバブル経済に沸いた当時の過熱感はありません[2]。

　日経平均は、2023年3月後半まで27,000円から28,000円のボックス圏で推移していましたが、同年5月に3万円を超えた後も調整をしながらも3万円超えの水準が続いています。

　これは、これまで日本株の上昇を抑えていたネガティブ要因が、オセロゲームのようにポジティブ要因に転じたためです。**図表2−1**にあるように、新型コロナウイルスの感染は完全に終息してはいませんが、ピークは越え、経済のリオープンとインバウンド需要が拡大しています。人手不足が常態化する中で無人化投資が増え、設備投資の新潮流が生まれています。日本のプレゼンスが薄れた時代は過ぎ、米中対立の裏返しで日米接近が進んでいます。そして、東京株式市場の弱さを象徴するPBR1倍割れの問題は、2023年3月末の東証の要請を受け、企業が現状分析を進め、計画策定・開示、実行の段階へ進んでいます。

　一般に、株価は経済の動きを半年程度先取りします。現在の株価は国内の経済社会がデフレからの脱却が視野に入ったこと、金融政策が正常化に向けて動き始め、次のステップに踏み出したことを先取りしています。

　だからといって、株価もそれに応じて上昇し、PBR1倍割れの問題も霧が晴れたように消え去ると期待するのは楽観的過ぎます。株式市場における企業価値を高めるためには、上場企業自身の取組みが必要です。

1　1989年は東証第1部、現在は東証プライム市場。
2　当時はこの高すぎる株価を補完するための指標も編み出されました。「Qレシオ」は、企業が保有する土地や建物、有価証券などの資産を時価評価に直して企業価値を算出、これを「実質純資産」として株価と比較した指標です。土地や有価証券の価値が上がっていれば、その含み益を加味して適正株価を算出すべきだという考え方で、壮大なバブルの形成を理論面から後押ししました。PBR1倍割れが議論になっている現在と比べると、まさに隔世の感があります。

図表2-1：日本株：ネガティブ要因がポジティブ要因に

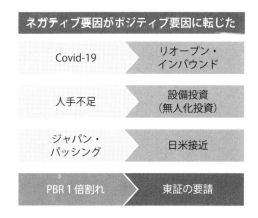

(2)「PBR1倍割れ、ROE8％未満」の国際比較

　まず、PBR1倍割れの企業が日本の上場企業のどれくらいを占めるかを見ます。**図表2-2**は東証上場部の「市場区分の見直しに関するフォローアップ会議の論点整理」で示された市場別のPBR1倍割れの企業比率と市場別ROE8％未満の企業比率です。データは少し前の2022年7月のものですが、全体感をつかむうえで役に立ちます。

　左のグラフは、PBR1倍割れの企業の割合を示したものです。プライム市場に上場する企業の50％、スタンダード市場に上場する企業の64％が該当します。国際比較をすると、PBR1倍割れ企業の割合は、TOPIX500が43％に上るのに対し、米国のS&P500はわずか5％、欧州のSTOXX600は24％です。

図表2-2：市場別のPBR1倍割れの企業比率と市場別ROE8％未満の企業比率

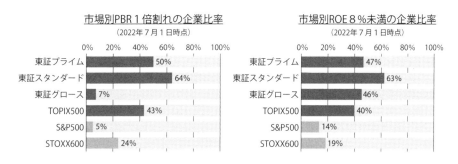

右のグラフはROE 8 ％未満の企業の割合を示したものです。プライム市場に上場する企業の47％、スタンダード市場に上場する企業の63％が該当します。国際比較では、ROE 8 ％未満の企業の割合は、TOPIX500が40％に対し、S&P500は14％、STOXX600は19％と大きな差があります。

欧米株式市場と比べた東証の現状は、①PBR 1 倍割れの企業は多く、②グローバル投資家の投資基準の 1 つとなるROE 8 ％以上の企業は少ないといえるでしょう。

2 セクターで異なる「PBR 1 倍割れ」

（1）成熟産業に多いPBR 1 倍割れ企業

PBR 1 倍割れの現状はセクター（業種）間で差があります。

東証の対応要請が公表された直後の2023年 4 月末の東証プライム市場全体のPBRは1.2倍で、このうち、製造業は1.2倍、非製造業は1.4倍です（単純平均）。33セクターのうち、PBR 1 倍割れは16セクターあります（**図表 2 - 3** 参照）。最も低いのは銀行業の0.3倍、次いでパルプ・紙の0.5倍、そして鉱業、石油・石炭製品、鉄鋼、金属製品がそれぞれ0.6倍で続いています。PBR1倍割れのセクターは成長期を過ぎた成熟セクターが多いといえます。

図表 2 - 3 ：東証プライム市場のPBR 1 倍割れのセクター（2023年 4 月末、同12月末、単純平均）

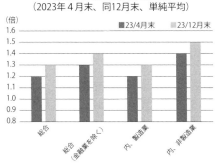

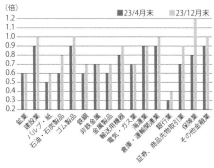

銀行業は異次元緩和で預貸金業務からの収益が伸び悩む一方、業界再編はなかなか進まず過当競争が続いています。パルプ・紙、石油・石炭製品、鉄鋼、金属製品では再編は進んだものの、いずれも景気サイクルで利益が大きく増減する特徴があり、株価も変動します。パルプ・紙については、印刷・情報用紙を中心にペーパーレス化の流れの中で生産量が落ち込むなど、構造的な問題も抱えています。

（2）インフレシフトへの期待感

その後の株価上昇で33セクターのPBRに変化が生じています。

23年12月末プライム市場全体のPBRは1.3倍で、このうち、製造業は1.3倍、非製造業は1.5倍です。33セクターのうち、PBR1倍割れは11セクターに減りました。建設業、ゴム製品、倉庫・運輸関連業、保険、その他金融業が1倍割れを解消しました。

4月末のデータでPBRが最も低かった銀行業は0.4倍になりました。銀行セクターの株価は金融政策の正常化期待を織り込み上昇基調にあったところ、長期金利の変動幅の運用を柔軟化したことやマイナス金利の解除時期を株式市場が織り込みに入ったことから、大手行を中心に上昇しました。

次いで低かったパルプ・紙は鉱業と同じ0.6倍、そして鉄鋼、非鉄金属、金属製品、電気・ガス業はそれぞれ0.7倍です。

デフレからの完全脱却とインフレシフトへの期待を背景に株価が上昇し、PBRは改善に向かっています。しかし、インフレシフトによってすべての企業の株価が自動的に見直され上昇するわけではありません。市場は新しい時代の訪れを読みながら、浮かぶ企業と沈む企業を冷徹に選別し始めているのです。

（3）還元強化だけでは効果は一時的

PBRの改善には、配当や自社株買いによる株主還元を強化すれば十分だ、という考えは短絡的です。東証の要請が明らかになったときに、多くの市場関係者が"金持ち企業"による株主還元の強化に期待したのは事実です。しかし、これは一時的な買い材料とはなったものの、企業価値の持続的向上の見取り図を持たなければ、持続的には買われません。

PBRの改善には、自社株買いや増配などの一過性の方策に頼るのではなく、中

長期的な収益性（ROE）の向上につながる施策が必要です。そして、株式市場に企業価値の持続的な向上を納得させ、それが今後も続く確かな期待を持たせることが重要です。持続的なROEの向上と市場が妥当と評価するPERの切り上げが両輪となって、企業価値を向上させることが重要なのです。

3 東証の要請がM&Aの増加をもたらす

（1）伊藤レポート以来のインパクト

　2023年3月31日に東証が発表した「資本コストや株価を意識した経営の実現に向けた対応について」は、PBRが1倍を下回る上場企業などに株価水準を引き上げるための具体策を開示・実行するよう要請しています。

　資本コストとは、企業が事業を行うために調達した資本（株主資本、負債）に関わるコストです。言い換えると、企業活動全般や特定の投資プロジェクトに対する資本（株主資本、負債）の出し手を満足させるために最低限必要な収益率（税引前）です。多くの経営者は負債のコストは意識していますが、株主資本のコストはあまり意識していないようです。かつては、株主に出資を仰いだカネのコストは「タダ」であるとの感覚が支配的でした。

　資本コストが高いと企業価値の向上にはネガティブに働きます。例えば、収益性が安定しない事業を抱える企業は市場から高い資本コストを要求され、企業価値向上の妨げとなります。

　東証の要請は、株式市場のみならず企業経営に大きなインパクトを与え、企業価値の持続的な向上に率先して取り組むようになると考えます。これは、2014年8月に経済産業省が公表した「『持続的成長への競争力とインセンティブ〜企業と投資家の望ましい関係構築〜』プロジェクト」（伊藤邦雄一橋大学教授座長（当時））の最終報告書（伊藤レポート[3]）以来の大変化を企業経営にもたらすと見ています。

3　伊藤レポートは、企業が投資家との対話を通じて持続的成長に向けた資金を獲得し、企業価値を高めていくための課題を分析し、提言した。ROEの目標水準を8％と掲げたことで、企業経営者や金融市場関係者から大きな反響があった。

（2）M&Aを活用する企業が増加する

　東証の要請は、PBR 1 倍超をターゲットとすることで、企業経営者がROEだけでなく、PBR＝ROE×PER全体を向上させるように働きかける効果があります。すなわち伊藤レポートでROEの目標水準を定めて上場企業に資本効率の向上を促したことに加え、今回は等式のもう 1 つの構成要素であるPERにも焦点を当てることになります。それによって、上場企業が株式市場に能動的に働きかけて、自社の利益成長への信頼性を高めてもらう効果が生まれるのです。

　東証は上場企業に対し、PBR 1 倍超の実現に向けて策定した計画に基づき、資本コストや株価を意識した経営を推進するとともに、株主との対話に関するコーポレートガバナンス・コードの原則を踏まえつつ、「開示をベースとして、海外投資家を含む投資者との積極的な対話を実施」することを期待しています。これは、「上場企業が株式市場の期待に働きかける」ことに通じます。

　つまりは、上場企業にとっては企業価値の向上に向け、より包括的な対応が必要になることを意味します。伊藤レポート以来の大変化をもたらすと考える理由はここにあります。これに対応するため、M&Aを活用する企業が増えるでしょう。上場企業が投資家との積極的な対話を行うためには、経営者は全社的な経営方針のみならずセグメントごとの戦略や収益見通しまで把握する必要があります。セグメントごとの収益性を把握するためには管理会計の導入が欠かせず、これはポートフォリオ経営の本格化につながります。その結果、M&Aを通じて事業ポートフォリオの見直しを本格化させる企業が増加するのです。

第 **3** 章

日本企業に求められる価値観の転換

　この章では、PBR 1 倍超の議論を通じて求められる日本企業の価値観の転換を説明します。経営者の頭の切り替えがなければ、株式市場との対話は空回りし、企業価値の向上は遠のきます。

1 企業が目指す価値と市場が求める価値

(1) これまでの「企業の価値」

　1990年代初めのバブル崩壊以降、GDP成長率は低空飛行を続け、「失われた10年」がいつの間にか「失われた30年」になりました。それと歩調を合わせて株式市場も低迷を続けた結果、PBR 1 倍割れが常態化する企業が増えました。

　この間、PBR 1 倍割れの問題は何度も議論されましたが、そこでいく度となく蒸し返されてきた議論があります。それは、「そもそもPBR 1 倍割れは悪いことなのか？」、「PBR 1 倍割れは株式市場から資金が引き揚げられたためではないか？」というものです。これらに対し、「PBR 1 倍割れは『会社を解散して資産をすべて売却して株主に返したほうがましだ』という意味だ」との反論さえも、上場企業経営者に行動変容を促すには至りませんでした。

　これは、これまで日本では株主や株式市場からのプレッシャーが強くなかったためです。しかし、より重要な理由としては、経営者が長年抱いてきた「企業の価値」が、株式市場の判断基準である株価の持続的な上昇と異なっていたことがあります。

　企業経営の判断基準とは、例えば、売上高や従業員数といった規模を表す指標であり、これらは社会における存在の大きさを表します。経営者にとって、これらは企業が社会から高い評価を受けるための必須要件であり、これが経営者の伝統的な価値観である時代が長く続きました。また、より多くの税金を納めるのが企業の社会貢献だという価値観をもつ経営者も少なくありません。こちらは一見すると、純利益を重視する点で株価を物差しとする考え方に近そうです。しかし、これは「企業は稼いでナンボ」という考え方を反映しただけで、「資本コストや資本効率性を把握して経営資源を配分する」という考え方とは近くて遠いものです。

　この「企業の価値」の判断基準の違いが、経営者が「株価が割高か割安かを判断する指標の 1 つに過ぎないPBR」に関心を寄せず、その結果としてPBR 1 倍割れの克服に本腰が入らなかった理由です。

（2）見直しが避けられない「企業価値」の考え方

　「確かに株価は『解散価値を下回っている』が、株式市場はわが社の株を『お得な割安株』と見なすはず。株価はいずれ上がるだろう」。この経営者の見立ては、高度経済成長期やバブル経済期なら正しかったかもしれません。しかし、経営者が「間違っているのは株式市場だ」という見方を続ける限り、資本の効率的な活用は期待できず、経済全体の効率的な資源配分も進みません。

　また、「株価が解散価値を下回っているのはデフレのせいだ」、「デフレからの脱却が視野に入った以上、株価は黙っていても上がるだろう」という見方も根強いものがあります。足元の株価動向に照らすと、この見方にはそれなりの説得力がありそうです。しかし、カネの価値に対してモノの価値が一貫して下がっていたデフレ期でも、将来の成長期待を反映してPBRが1倍を超えていた企業は存在しました。変革を怠る企業の株は、経済全体がデフレから脱却したとしても買われないまま取り残されるでしょう。

　経営者は、PBR1倍割れの株は市場から「（いつかは上がる）割安株」ではなく、「将来の成長期待がない株」と見られていると認識すべきです。PBR1倍割れは、変革を望まない企業に対する厳しい視線を表しており、市場で見放されている証拠と見るべきです。

　さらに、「株価だけが企業経営の成否を測る指標ではない」、「株価は真の企業価値を反映していない」という価値観も依然として優勢です。ところが、今は上場企業を取り巻く環境が変わり、多くの株主が株主利益の最大化と経営改革を要求しています。これに応えられない企業は買収対象となるか、アクティビストに狙われる可能性が高まっています。

　価値観の転換と環境の変化を受け、これからは日本でも「PBR1倍割れの企業・経営者は落第点」、「資本コストや株価を意識した経営を行うべき」というような価値観の転換が起こると考えます。

（3）価値観の転換に気づいた企業とM&A

　「資本コストや株価を意識した経営」の重要性に気づいた経営者は、今に始まったことではなく、ずっと以前から、株式市場の見方に沿った企業価値の向上を経営の優先課題に掲げています。その中にはM&Aを積極的に活用し、大きく成長した企業もあります。

ニデックは、1973年7月に精密小型モーターの製造・販売を行う会社として設立されました。その後はM&Aを活用し、産業機械から、車載部品、家電商業用モーター、精密小型モーターとさまざまな事業分野に展開しています。

　ミネベアミツミの前身の会社は1951年7月にミニチュアベアリング専業メーカーとして設立されました。M&Aがまだ今日のような市民権を得られていなかった1970年代からM&Aを駆使し業容を拡大してきました。その後、電子機器分野に進出するとともに、祖業のミニチュアベアリング製造業以外の各社（ミツミ電機、ユーシン、エイブリック）との経営統合を経て、ボールベアリングからモーター、センサー、アクセス製品、半導体に至るまで、世界でも類をみないユニークな事業ポートフォリオを持つ精密部品メーカーへ成長しました。

2 「総合○○業化」の罠

(1) コングロマリット・ディスカウント

　企業は本業が成熟して成長スピードが鈍化すると、周辺事業に手を広げて事業拡大を目指そうとします。多角化戦略には、既存の経営資源を利用して事業領域を広げるオーガニックグロース戦略と、他社との提携やM&Aを通じて一足飛びの成長を目指すインオーガニックグロース戦略があります。

　多角化戦略を進める企業の中には、事業領域を拡大するためにM&Aを重ねる一方、事業価値が低下した既存事業の切り離しを躊躇するケースがあります。また、収益性の低い事業部門は本来なら撤退しなければならないのに、M&Aで逆にその事業部門を拡大して、収益性を高めようとするケースもあります。

　さらに、多角化戦略は業績の変動（ブレ）を減らす利点がありますが、その一方でどのような成長ストーリーを描くのかが曖昧になり、事業間の相乗効果（シナジー効果）が得られないこともあります。

　いずれもM&Aの成立後の統合プロセス（PMI）が成功すればまだ良いのですが、そうでない場合、市場はこの企業全体の価値を各事業部門の価値を合算した価値より低く（ディスカウントして）評価することがあります。

　多くの企業がこうした「総合○○業化」の罠に陥りがちです。これを複合企業に対するディスカウント（コングロマリット・ディスカウント）と呼びます。これはPBR1倍割れが常態化している業種・企業に多く見られます。経営者にして

みれば、M&Aや戦略的提携を駆使してさまざまな事業を集めたにもかかわらず、それを想定どおりに評価してもらえないのですから、踏んだり蹴ったりです。

（2）機関投資家からの退出要求

コングロマリット・ディスカウントが解消されない場合、機関投資家、特に海外投資家は企業に対し、投資資金の返却、場合によっては市場からの退出を求めます。成長が鈍化し回復が見込めない場合には、投資家は企業が累積した資本を使って新しい事業領域を拡大するより、増配や自社株取得などを通じて資本を返却するほうが望ましいと考えます。その背景には、企業のコングロマリット化に対する投資家のアレルギー反応ともいえる拒否感があります。すなわち、投資家は成熟企業のコングロマリット化に賭けるより、次のビジネスを創ることができる別の企業を自ら選び、成熟企業から返却された資金を新規投資するほうを好むのです。

米国では多くの超大企業が、「総合○○業化」の罠に陥って株価が長期間低迷した歴史があり、その苦い思いが鮮明に残っています。特に持株会社を設立して傘下に多様な業態をぶら下げる企業には厳しい目が向けられています。

3 コングロマリット・ディスカウントを克服したディール事例

日立製作所とゼネラル・エレクトリック（GE）という日米を代表する企業が事業再編成を行い、株式市場からの評価を回復していることは注目に値します。両社は長い時間をかけてM&Aやスピンオフを活用して経営資源をコア事業に集中した結果、コングロマリット・ディスカウントの状態から脱しつつあります。

日立製作所は、リーマンショック後の経営危機を経て、社会イノベーション事業への集中を進めました。M&Aを駆使してグローバル展開に必要となるアセットを獲得する一方、関係の薄い事業アセットは譲渡を進めました。並行して、かつては20社を超えた上場子会社の再編を進め、2022年に親子上場の解消作業を終えました。

GEは、金融事業の大幅縮小をリーマンショック直後から長い時間をかけて終えた後、インフラストラクチャー事業を軸に再編を進めてきました。かつては世界最大のコングロマリット企業であった同社は、航空、ヘルスケア、エネルギー

の3事業にフォーカスし、事業のスピンオフと上場を実行しています。2023年にはヘルスケア事業をスピンオフ・上場し、2024年にはエネルギー事業をスピンオフ・上場しました。

インビクタス：
重要さを増すエクイティストーリー

> 「インビクタス」（2009）は、南アフリカ共和国大統領ネルソン・マンデラと同国のラグビー代表チーム主将との人種を超えた友情を描いた実話に基づく映画。舞台は1995年のラグビーワールドカップ南アフリカ大会。2023年フランス大会と同じ南アフリカとニュージーランドの決勝戦が物語のクライマックスです。

　株価の決定要因には、金利や外国為替などのマクロ変数、その株式の需給などがありますが、最も重要なのはその企業の将来の業績です。企業がPBR1倍割れから脱却できるかのカギは、その企業が将来にわたって持続的に業績を伸ばすことができるか、そして経営戦略に基づいた業績拡大の経路を市場に示し、説得できるかです。

　株式市場では、企業が投資家に向けて特徴・成長戦略・企業価値増大の

道筋を説明したものをエクイティストーリーと呼びます。これは株式市場で自社の姿を実態以上に格好よく見せるために、後づけで作るものではありません。すでにある戦略・計画がエクイティストーリーであるはずで、この順序を逆にしたハリボテのストーリーは株式市場に見抜かれてしまいます。

　企業がこれまでたどった道とこれから進む未来を示したエクイティストーリーには投資家を引きつける魅力があります。インビクタスの実話ほどパワフルでなくても、投資家に好まれる物語を持ち、資本を有効活用して将来の業績（EPS）を持続的に伸ばせる企業であれば、PBR 1 倍割れの沼から浮かび上がることができるのです。

第 **4** 章

PBR 1 倍超のための
処方箋

　この章ではPBR 1 倍超を実現するための処方箋を解説します。PBRをROEとPERに分解し、前者（ROE）についてはM&Aの活用を取り上げます。後者（PER）に関しては、市場が妥当と考えるPER水準を切り上げるために市場の期待に働きかける重要性について述べます。

1 PBRの分解による課題の見える化

図表4-1に、PBR＝ROE×PERの関係を整理し、ROEの向上とPERの切り上げを実現するために求められるアクションを整理しました。

ROEの向上とPERの切り上げは、企業価値向上（PBR1倍超）を達成するための両輪です。ROEの向上には、稼ぐ力の向上と資本効率の改善が必要で、多くの企業が会社説明会などで投資家に説明しています。一方、PERの切り上げはあまり馴染みがないかもしれません。これは企業自身が市場の期待に働きかけ、市場が考えるPERの妥当な水準を切り上げることを意味します。これに取り組む企業が少ないのは、このアイデア自体が、多くの上場企業が株式市場に向かい合うスタンス、すなわち「株価は市場が決めるもの」や「株価に一喜一憂しない」という考えに沿わないからかもしれません。

この両輪はそれぞれが独立してバラバラに動くものではなく、互いに影響を及ぼし合う関係にあります。いってみれば、「主役はROE」で「PERは脇役」ですが、主役だけにスポットライトを当てても株式市場の評価は高まらず、脇役も活躍してこそ企業価値は高まるのです。

図表4-1：PBR＝ROE×PER：課題はどこにあるか？

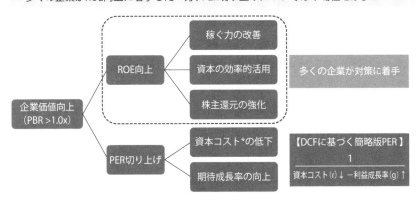

✓多くの企業がROE向上に着手した一方、PER切り上げについては市場任せが多い・・・

*Note：資本コスト：企業が事業を行うために調達した資本（株主資本、負債）にかかるコストのこと

それでは、どうしたらこの両輪をうまく動かせるのでしょうか。

2 ROEの向上とM&Aの活用

（1）デフレ時代の財務戦略からの転換

　稼ぐ力の改善、資本の効率的活用、そして余剰資本を株主に返す株主還元の強化などの対策は、どれもROEの向上に寄与します。特に株主還元については、決算発表時に多くの企業が増配や自己株式の取得を発表し、株式市場も「買い」で前向きに反応しました。

　ROEを向上させるには、戦略部門の絞り込み、非戦略部門の売却、成長市場、特に海外市場への経営資源の投入、そして財務戦略として株（エクイティ調達）と負債（デット調達）のバランスの適正化などが重要です。

　このうち負債の活用については、日本経済のデフレからの脱却の動きが明らかになるにつれ、借入れを活用してROEを向上させる企業が増えるでしょう。もちろん、増配や自社株買いの原資を確保するためにCP（コマーシャルペーパー）を発行するなどの、負債に依存することは好ましくありません。しかし、バランスシートの健全化のために負債を忌み嫌ったデフレ時代の財務戦略からの転換は必要です。

（2）本業の成長にM&Aを組み合わせる

　外部環境に適応して企業価値を高めるためには、本業の成長にM&Aを組み合わせる戦略が有効です。M&Aによって顧客基盤、技術、設備、人材などの経営資源と売上・利益を確保し、それらを自社の経営資源と組み合わせれば新たな付加価値が生まれ、ROEの向上へ展望が開けます。こうしたM&Aには、①事前の明確なM&A戦略、②買収時の適切なプライシング、③M&Aの成立後の統合プロセス（PMI）の準備が重要です。

　M&A成立後の施策には大きく分けて、①事業規模の拡大による利益の増加（経営効率の改善）、②コスト削減による利益の増加（経営効率の改善）、③財務の健全化と余剰資本の還元、④企業統治の強化（将来のROE低下を未然に防ぐため）などがあります。

　このうち③は、ROEの向上を確実にするために、増配や自己株式取得などと合

わせて実施すれば、実効性の高い打ち手となります。とはいえ、株主還元の強化をPBR１倍割れ対策の主役に据えることは、持続可能な財務戦略とはいえません。財務戦略の基本線は、あくまで①目標とする信用格付けを維持するために必要な自己資本を確保したうえで、②毎期のキャッシュフローや現預金を設備投資やR&D、M&Aなどの戦略投資、そして株主還元に配分することです。

（3）M&Aで甦った事例

　図表４-２は製鉄セクターの日本製鉄の過去８年間のPBRの推移を示したものです。PBRは１倍割れか１倍スレスレでしたが、M&Aを含むトランスフォーメーション（企業変容）の結果、上昇基調に転じています。これは市場が中長期的な企業価値向上に取り組む企業・経営者を評価した事例です。

　企業変容の成果をあげつつある日本製鉄は、内需の減少を輸出拡大でカバーし、数量に頼らない収益構造を構築しています。国内では、単価改善と固定費削減により損益分岐点を改善し、海外では、不採算事業から撤退し、北米、南米、欧州、アジアの主要な市場でM&Aを積極的に進め、需要地での一貫生産を拡大しています。海外では原料権益の取得とソースも拡大しています。

　また、株式市場とのコミュニケーションを強化し、社長自らの言葉で同社の変

図表４-２：日本製鉄のPBRの推移

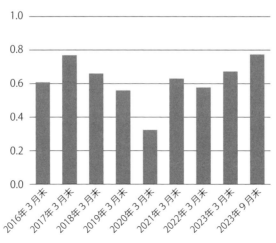

革の現状と課題を伝えています。市場はそれを評価してバリュエーションの水準
を切り上げているのです。

3 PERの切り上げ：市場の期待を呼び覚ませ

（1）期待PER水準の押し上げ策

　資本コストの低下と利益成長率の上昇のための施策は、期待PERの水準を押し
上げます。**図表4-3**はDCFモデル[4]に基づく簡略版PERの求め方を示したもので
す。PERが上昇するためには分母の値を小さくすることが必要で、それには株主
資本コスト（r）を下げるか、内部成長率（期待成長率）（g）を上げるかのいず
れかが必要です。

　PERが上がれば、ROEとの掛け算でPBRの水準も上昇します。例えば、ROEが
7％の企業について、市場が妥当なPERの水準が10倍と見ていたところ、何ら
かの理由で期待成長率が上昇して15倍まで許容するようになる場合、計算上の

図表4-3：DCFモデルに基づく簡略版PER

$$PER = \frac{1}{\text{株主資本コスト(r)}\downarrow - \text{内部成長率(g)}\uparrow}$$

r：株主資本コスト、g：内部成長率（=EPS成長率）⇒ <u>配当成長率の代わりにEPS成長率</u>
<u>として簡略化</u>

P：株価

$P = EPS/(1+r) + EPS(1+g)/(1+r)^2 + EPS(1+g)^2/(1+r)^3 + \cdots$

⇒初項a、公比bの等比級数の和は、$a/(1-b)$

$P = EPS/(1+r)/\{1-(1+g)/(1+r)\} = EPS/(1+r)/(1+r-1-g)/(1+r) = \{EPS\times(1+r)\}/\{(1+r)\times(r-g)\} = EPS/(r-g)$

株価＝1株当たり利益/(r−g)

$PER = P/E = EPS/(r-g)/EPS = 1/(r-g)$

4　DCF（Discounted Cash Flow）モデルは収益還元法と訳され、企業やプロジェクトの資産評価や投資評価の際
に使われる評価法。企業買収、M&Aなどで対象企業の金銭的価値を査定する際にも用いられる。資産やプロジェ
クトの金銭的価値を、それらが将来生み出すキャッシュフローの現在価値に割り引いて求める方法。

PBRは0.7倍から1.05倍に上昇します。なお、市場がPERの切り上げを許容するのは、市場全体のPER水準が上がる場合と、個別企業のPERが上がる場合があります。ここでは後者について考えます。

(2) 市場の見方がポジティブに変わるための必要条件

　次に、市場の見方がポジティブに変わるためには何が必要で、それは企業の努力によって一時的ではなく安定的に変えていくことができるのかを、より詳しく見ていきましょう。

　PBR 1 倍超え実現のためには、株式市場に企業価値の持続的な向上が可能であると納得させ、それが今後も続く確かな期待を持たせることです。PBR＝PER×ROEの関係式で説明すれば、市場に働きかけてPERの水準を切り上げることを意味します。PERを上げるためには、①株主資本コスト（r）を下げるか、②内部成長率（期待成長率）（g）を上げるかが必要なのは、前述したとおりです。

　図表4-4では資本コストの低下と期待成長率の向上に有効な対策を整理しました。

　① 　資本コストを低下させるためには、収益のボラティリティ（ブレ）を小さくすることが最も重要です。それと並行して、非財務情報などの開示を拡充し、投資家との対話やエンゲージメント（投資家と企業の間で交わされる企業価値向上につながる建設的な目的をもった対話）を強化すること、そしてESG評価の向上など、サステナビリティ経営を実践することなども求められます。

　② 　期待成長率を向上させるためには、期初に示す会社の目標を毎期着実に達成することが最も重要です。そのためには、利益を生み出す企業の基礎体力の強さが欠かせません。また、中期経営計画とは別に、企業がどのような方向へ向かうのかを示す長期収益計画、ないしは「なりたい理想の姿」を提示し、中期経営計画との整合性を示すことも大切です。さらに、内需型の企業や特定地域で事業を営む企業においては、自社の営業地域を活性化する活動も重要です。

　株価が、会計上の解散価値である 1 株当たり純資産を下回る場合は、本来なら投資家の買いが入って株価は回復し、割安水準は解消されるはずです。そうならない理由の 1 つは、その企業や業界の将来に懸念があると見られているためです。

図表4-4：市場の期待を呼び覚ませ

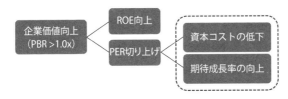

✓「市場を意識した経営」、「市場の期待に働きかける経営」がますます重要になる

```
企業価値向上        ┌─ ROE向上
(PBR >1.0x) ──┤                ┌─ 資本コストの低下
              └─ PER切り上げ ──┤
                                └─ 期待成長率の向上
```

資本コストの低下
- ✓収益ボラティリティの低下
- ✓開示の拡充（非財務情報）
- ✓投資家との対話・エンゲージメント強化
- ✓サステナビリティ経営（ESG評価の向上）

期待成長率の向上
- ✓会社ガイダンスの着実な達成
- ✓長期収益計画（目線）の提示
- ✓ホームマーケットの活性化（地域企業）

✓市場の期待に働きかけPER切り上げを図るには、経営陣の意識改革、IR等の体制拡充が不可欠

それに対して有効な対策を打てずにPBR1倍割れの状態が続くと、経営陣の交代や事業ポートフォリオの入れ替えを迫られる可能性が高まります。こうした事態を避けるためにも「株式市場を意識した経営」、「株式市場の期待に働きかける経営」はますます重要になっているのです。

（3）M&AをしてもROEが上がらないのは……

M&AがROEの向上につながらない場合、まず考えられるのは、M&A後の統合プロセス（PMI）がうまくいっていないことです。M&A直後は会社全体が混乱しがちです。それが解消されなければミスや事故が発生し、さらには顧客離れや社員の離反・離職、内部対立の先鋭化などが生じかねません。

財務の悪化も問題です。過大な買収資金の借入れやのれんの償却負担が財務の悪化を招き、M&A自体が企業の財務体力を奪ってしまうケースです。そして、M&A後の企業統治に失敗すれば、事業拡大やコスト削減ができず利益が減少してしまうだけではなく、会社の存立基盤が脅かされる危険性もあります。企業統治は日本企業の弱みといわれていますが、M&Aの命運を左右する重要な要素なのです。

これらをM&Aの経営判断をした時点まで遡って考えると、①PMIが準備不足だった、②買収価格が高過ぎた、そして何よりも③M&A戦略が明確でなかった、などがあげられるでしょう。

4 改革の現在地：どこまで進んだか？

東京証券取引所は、2023年8月29日に「『資本コストや株価を意識した経営の実現に向けた対応』に関する企業の対応状況とフォローアップ」を発表しました。そこで明らかになったのは、開示状況の遅れです。すでに開示を行ったのはプライム市場の31％、スタンダード市場の14％に止まります。社数では、プライム市場は1,235社中379社、スタンダード市場は887社中120社です。一方で具体的な取組みを始めているのは、プライムは379社中242社、スタンダード市場は120社中32社と一段と減ります。

東証の要請は、PBRが低い企業を中心に真摯に受け止められているのに対して、PBRが高い企業や時価総額が小さい企業の対応が相対的に遅れています。PBRが1倍を超えていれば、今回の要請は関係ないとの誤解が生じている可能性もあります。

今後の改善に向けた取組みは、多くの企業が株主還元の強化、サステナビリティへの対応、人的資本投資などをあげていますが、より本質的には、成長投資や事業ポートフォリオの見直しが重要なのはいうまでもありません。この調査結果は、PBR1倍割れからの脱却を早期に織り込み、内需関連株を買い上げてきた株式市場、特に海外投資家にしてみれば拍子抜けともいえるでしょう。

具体的な取組みが本格化するのは、株式市場が当初期待した以上に時間がかかりそうです。3月決算企業が24年3月決算を開示する24年4月以降になるのかもしれません。各企業の改革の加速が望まれます。

第 5 章

PBR 1 倍超のための
コミュニケーション強化

　この章では市場とのコミュニケーションに注目し、企業価値を持続的に向上させPBR 1 倍超を目指すうえでの重要性について述べます。

1 市場で自社を「発見してもらう」

(1) 増えるアンダーリサーチ銘柄

　上場企業にとって、「市場の期待へ働きかける経営」への転換は喫緊の課題です。その理由は、東京株式市場で自社を「発見してもらう」ことが年々難しくなっているからです。これは、日本企業が置かれた厳しい現状、すなわち「"APAC ex-JP"の終わり」が影響しています[5]。

　「"APAC ex-JP"の終わり」という表現は、アジア太平洋地域で長く特別な地位にあった経済大国日本が、株式市場ではこの成長地域の一部に過ぎなくなったことを意味しています。欧米で1980年代から2010年代にかけて活躍した、日本株専門の機関投資家たちが引退し、その後、日本株の運用拠点は欧米からシンガポール、香港に移されるケースが増えています。海外投資家が日本株を特別扱いした時代は終わったのです。

　証券会社でも、外資系証券が日本株を扱うビジネスを縮小し、日系証券も現在の陣容を維持するのに手一杯なため、アナリストがカバーしない銘柄が増えています。市場ではこれらをアンダーリサーチ銘柄と呼びます。また、日系証券が海外の機関投資家に日本株を売り込む大規模なイベントもかつては国内外で開催されましたが、今は減少傾向にあります。さらに、時価総額の小ささ自体も日本株が敬遠される理由です。長く続いた株価低迷の結果、時価総額で見た日本企業のプレゼンスは海外、特に米国企業と比べて小粒になりました。誤解を恐れずにいえば、外国人投資家にとっては、時価総額が1兆円に満たない銘柄は中小型株の扱いであり[6]、それらがどんなに素晴らしい企業であっても大型株を運用する投資家はファンドの運用ルールに照らして投資することができないのです。

(2)「発見されない、投資されない」企業の行く末

　「日本企業の実態を知らない海外投資家は要らない。国内投資家に投資しても

5　APACとはAsia Pacificの略で、日本を含む東アジア、東南アジア、南アジア、オセアニアのアジア太平洋地域や各国のこと。したがって、APAC ex-JPとは日本を除くAPAC地域・諸国を意味しています。
6　東証プライム市場の上場企業の時価総額は中央値で573億円と、ニューヨーク証券取引所（2,079億円）やナスダック証券取引所「グローバルセレクト」（1,430億円）と大きく差をつけられている（2023年7月12日 日本経済新聞）。

らえば十分だ」という経営者の声があるものの、東証プライム市場における2024年３月の総売買代金（売り買い合計）は約220兆円，そのうち海外投資家は約129兆円と最大シェア（67％）を占めています。これだけ大きな存在である海外投資家に「発見してもらえない」、もしくは発見してもらったとしても「投資してもらえない」ことの不利益は小さくありません。「発見されない、投資されない」企業は上場していても株式市場で適切な評価を得られません。そして、これらの株価（時価総額）が本来の価値よりも低く放置されたままなら、アクティビストや敵対的買収の格好のターゲットとなるのです。

（3）IR機能の強化：市場との対話の活発化

　企業はIR機能を強化して株式市場とのコミュニケーションを活発にし、自社の企業価値を投資家に「発見」してもらう活動を能動的に行う必要があります。前述の、資本コストを低下させるためには、開示の拡充や投資家との対話強化は重要な課題です。意識すべきことは、それらをなぜ行うのかを経営陣が十分に理解して、主体的に取り組むことです。

（4）管理会計は市場との対話ツール

　経営者は、投資家とのミーティングで経営への熱意を伝えることが極めて重要ですが、それだけでは投資は受けられず、熱意や気合を裏付ける市場との対話ツールが必要です。投資家が経営者に求めるのは、明確な経営戦略と企業価値を上げるためのエクイティストーリーです。将来にわたって持続的に業績を伸ばせるか、業績拡大の経路を市場に示し納得させられるかです。その論拠となるのが、セグメント情報の充実であり、部門別ROEの開示です。そこで必要になるのは、管理会計の整備と各事業セグメントへの擬似資本の割当てです。

2 日米の地域金融機関の比較〜管理会計の重要性

（1）日米地域金融機関の現状

　管理会計の重要性を示すため、日米で類似企業の比較が相対的に容易な商業銀行（地域金融機関）を取り上げます。
　金利環境、経営・業務戦略、デジタル化などの違いを考慮すると、日米の大手

金融機関の比較は年々難しくなっています。これに対して、地域金融機関は金利環境こそ異なるものの、預金、為替、貸金、有価証券運用など、伝統的な銀行業務が占める割合が高いため、比較しやすいのです。これを踏まえて、S&P500に組み入れられている地域金融機関12行と東証プライム市場に上場する地域金融機関12行（時価総額が大きい順）を比較します[7]。

　図表5-1は、米国の上位12行と日本の上位12行のPBRとROEを2023年末の時価総額で加重平均して比較したものです。日本の地域金融機関のPBRは0.58倍、ROEは4.82％です。これに対し、米国の地域金融機関のPBRは1.28倍、ROEは12.12％といずれも日本の加重平均値を上回っています。このうち、PBRについては、米国の地域金融機関で最も時価総額が大きいU.S. Bancorpが1.47倍である

図表5-1：日米の地域金融機関比較（PBRとROE）

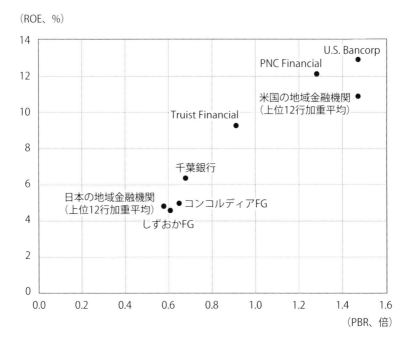

（ROE、%）

（PBR、倍）

---

7 S&P500に組み入れられる条件は、時価総額82億USD（約1.2兆円）以上、浮動株時価総額41億USD（約6,000億円）以上と、日本の感覚で見ると超大企業ばかりです。米国の地域金融機関も最大手（U.S. Bancorp）の時価総額は約682億ドル（約9.9兆円）と、日本のメガバンク（三井住友FG、約9.5兆円）並みの時価総額ですが、ここでは地域金融機関の上位行同士の比較を優先することにします（いずれも2023年末の株価ベース）。

図表 5 - 2 ：日米の時価総額上位11行（2023年末時点の時価総額ベース）

日本		米国	
8331	千葉銀行	USB	U.S. Bancorp
7186	コンコルディアFG	PNC	PNC Financial Services Group
5831	しずおかFG	TFC	Truist Financial Corp.
8354	ふくおかFG	MTB	M&T Bank Corp.
5844	京都FG	FITB	Fifth Third Bancorp
7167	めぶきFG	RF	Regions Financial Corp.
8359	八十二銀行	HBAN	Huntington Bancshares Inc.
7180	九州FG	CFG	Citizens Financial Groups
5830	いよぎんHD	KEY	Key Corp
7337	ひろぎんHD	CMA	Comerica Inc.
8418	山口FG	ZION	Zions Bancorporation

のに対し、日本で最も時価総額が大きい千葉銀行は0.68倍です。PBR 1 倍割れは米国でも 3 行（Truist Financial Corp, M&T Bank Corp, Citizens Financial Groups）ありますが、日本では11行すべてが 1 倍を下回っています（**図表 5 - 2** 参照）。

　この格差は、日本の超低金利政策が長く続いたためでもあり、日本の地域金融機関の経営力に責任のすべてを帰することはできません。また、米国の地域金融機関は日本の地域金融機関にはない好条件に恵まれているのも事実です。第一に、人口増加が将来も見込まれること、第二に、産業や企業の新陳代謝が活発に行われ、リスクマネー（貸出金）の滞留がないことなどです。

　とはいえ、米国でも2023年 3 月には預金の急速な流出で、複数の地域金融機関が破綻に追い込まれました。その要因である①商業用不動産の市況悪化による不良債権化の懸念、②預金金利の上昇による利鞘の縮小、③金利上昇による債券ポートフォリオの評価損拡大、④自己資本規制の強化などは、地域金融機関の経営陣を依然として悩ませています。それにもかかわらず、市場は解散価値を上回る評価をしているのです。

（2）米国地域金融機関の管理会計の整備と擬似資本の割当て

　ここで、米国の地域金融機関の企業価値を高める自助努力として、管理会計の整備と擬似資本の割当てに焦点を当てたいと思います。

米国の地域金融機関はビジネスライン（事業部門）別の業績と収益性を四半期ごとに開示し、企業価値を高めるための課題を投資家・アナリストに示しています。つまり、金融機関のどの事業部門の成長性・収益性が高く、どの部門が問題を抱えているかが「見える化」されています。これによって株式市場は、地域金融機関の経営陣が部門別ROE（ROA）の高い部門に重点的に資本を割り当てているか、反対に低い部門をテコ入れないしは撤退の経営判断をするかを観察し、経営者に企業価値を高める能力があるかを見極めることができるのです。

　図表 5-3 は米地銀U.S. Bancorpの直近の開示情報（Supplemental Business Line Schedules）から、各ビジネスラインが開示する純利益、ROA、NIM（純金利マージン）を並べたものです。

　きめ細やかな開示と丁寧なIR活動の背景には、市場からの圧力があります。産業・企業の新陳代謝が活発に行われる中、上場企業は企業価値を高めるために情報開示と、そこで浮かび上がった課題の克服を市場（株主）から厳しく求められます。企業は株式市場（投資家）との緊張感のあるやり取りを通じ、経営の足腰が鍛えられるともいえます。これこそが、米国経済の強さを支える要因なのです。

（3）管理会計による事業部門ごとの収益性の把握

　管理会計の整備と擬似資本の割当てを行うためには、システム投資を始めとする多大な経営資源の投入が必要です。また、①本店間接部門の経費を事業セグメント間でどう分担するか、②リテール店舗（支店、出張所など）の固定費をリテール銀行セグメントだけが負担するのかについては、膨大な社内調整が必要に

図表 5-3：米地銀（U.S. Bancorp）の2023年 6 月末期決算（抜粋）

U.S. Bancorpの2023年 6 月末決算（事業部門別、百万USD、%）

	Corporate and Commercial Banking	Consumer and Business Banking	Wealth Management and Investment Banking	Payment Services	Treasury and Corporate Support
純利益	376	483	365	394	−87
ROA	1.09	1.24	5.69	3.85	nm
NIM（純金利マージン）	2.52	4.42	6.59	7.12	nm

なります。実現するためのハードルは極めて高いといえます。しかし、市場との対話ツールの整備が進めば、上場企業は戦略部門の強化や非戦略部門からの撤退を、株式市場の納得感を得ながら進めることができるのです。

　日本の銀行セクターは超低金利政策の下、厳しい業務環境が長く続いてきましたが、金融政策正常化の動きも見える中、明るさが出始めています。日米の地域金融機関との比較で見えてきたのは、企業価値は外部環境の有利不利だけで決まるものではなく、企業の自助努力が重要だということです。事業部門の見直しは数値による分析を行い、それを開示して市場のサポートを得ることが重要です。そのためには管理会計の導入によって事業部門ごとの収益性を把握することが大事です。極めて難易度の高いプロジェクトですが、実行の優先度は高まってきているといえるでしょう。

3 株主還元は市場へのメッセージ

（1）高成長企業は成長投資、成熟企業は株主還元を選択する

　一般的に高成長企業は、配当や自社株買いを増やして株主に報いるより、成長投資による事業拡大で株価を上げることを選びます。これに対し、成長スピードが鈍化した成熟企業は株主還元の強化で株主に報いることを選択します。

　成熟企業が多角化によって事業を拡大することは、株式市場（投資家）の賛同を得にくいのが実情です。この背景には、成長分野への投資は（投資資金が還元された）投資家が成熟企業に代わって行うほうが、株式市場全体で見ると効率的であるとの考えがあります。これは傲慢な意見のようにも聞こえますが、株式市場においては、投資家が成熟分野から成長分野へと、投資資金を回流させる機能を果たしているともいえるのです。

　企業の立場からは、株主還元とは企業自らが成長・成熟のどのステージにあるかという自己認識を適切に行い、それを元に立てた企業価値向上のための戦略について、株式市場の賛同を得るためのメッセージといえます。

（2）PBR1倍超えの実現は「急がば回れ」

　図表5-4は東証プライム市場の加重平均配当利回りの推移を1998年3月期から追ったものです。これを見ると、90年代後半には1％を下回っていた配当利

回りが、足元では2%台前半まで上昇しており、日本企業が稼いだ利益を株主に還元する傾向が強まっていることが見て取れます。

　日本企業が株主重視の姿勢を強めていると前向きに評価できるでしょう。なお、2008年のリーマンショック、2011年の東日本大震災、2020年のコロナショックのときには配当利回りが急上昇しました。これは、外部ショックで企業業績が急速に悪化し株価が下がる一方で、配当はまだ維持されているために一時的に起きる現象です。多くの企業は、その後の業績悪化を理由に減配が行われたため、配当利回りは急低下しました。

　株主還元を市場へのメッセージと捉えると、株価対策の名の下に行う増配や自社株買いは持続性のないカンフル剤でしかないことがわかります。カンフル剤によって企業の株価やPBRが上昇したとしても、その効果は一過性に止まるでしょう。こうした企業の「思想・戦略なき還元」は株式市場に見透かされるため、自社株買いや増配は公表前に早々と株価に織り込まれ、公表後に株価が下落するケースも珍しくありません。

　PBR1倍超えを安定的に実現するためには、ROEの向上とPERの切り上げの両輪を駆動させ、企業価値を地道に高める努力が重要です。株主還元を株価浮揚の

図表5-4：東証プライム市場の加重平均配当利回りの推移

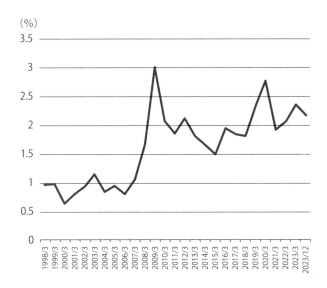

ためのカンフル剤として乱用するのではなく、「急がば回れ」が求められている
のです。

華麗なるギャツビー：
虚勢を張らず、財布の中身を意識する

> 「華麗なるギャツビー」（2013）は、1920年代初頭のニューヨーク郊外ロングアイランドが舞台。毎週末、大豪邸で盛大なパーティーを開く大金持ちギャツビーの隠された過去と秘めた思いを描いた映画。ラルフ・ローレンが衣装を担当したロバート・レッドフォード版（1974）も素敵ですが、ここではディカプリオ版を。

　PBR1倍超えのために各企業が知恵を絞り、市場との対話を進める動きが始まっています。その中でも、①事業セグメントごとに必要自己資本額を定量的に算出し、②それらを合算して得られたグループ全体の自己資本額に上限を設け、③それを超過した分はすべて株主還元に充てるというコスモエネルギーHDの事例は、財務健全性と株主還元のバランスが取れた資本政策と評価することができます。

　コスモエネルギーホールディングスは、2023年3月に発表した新中期経営計画で、企業価値の向上の重要な業績評価指標（KPI）としてPBRの向上をあげました。具体的には、資本政策において①株主還元は3ヵ年累計で60％以上、②資本効率はROE10％以上、③財務健全性はネットD/Eレシオ[8]1.0倍、自己資本6,000億円以上を掲げました。ポイントは、同社の4つの事業セグメント（石油、石油化学、石油開発、再生可能エネル

8　ネットD/Eレシオ（ネット・デット・エクイティ・レシオ）とは、正味負債資本倍率と訳され、次のように定義されます。
　　ネットD/Eレシオ＝（有利子負債－現金及び現金同等物など）÷親会社の所有者に帰属する持分

ギー）ごとの必要自己資本額を算出し、それ
らを合算したものをグループ全体の必要自己
資本としたことです。算出に際しては、各事
業セグメントにおける資産に内在するリスク、求められる資本効率、柔軟
な資金調達といった複合的な観点から財務健全性を精査したとのことです。

　「財務健全性が目標値に到達した場合は原則として追加還元を実施する」
とした同社の資本政策は、PBR1倍超えにインパクトがあるとされる株
主還元に（追加還元の）予測可能性を持たせるとともに、必要な自己資本
額を明示することで内部留保の蓄積にも納得感がある道筋を示した点で優
れています。

　一方、「必要以上の」自己資本額を持たないと宣言することは、同社が
未来の事業拡大に備えて資本を用意しておく道を自ら閉ざしたことになり、
これを危惧する声もあります。ただし、そのときが来たら公募増資や社債
発行などでエクイティやデットを調達すれば良いので、これは企業の資本
政策の本来の姿ともいえます。

　ギャツビーが週末ごとに豪華なパーティーを開けた背景には、第一次大
戦後、米国が空前の繁栄を謳歌した1920年代という時代がありました。
もしもギャツビーが「大盤振る舞いは盤石な財務基盤から」という鉄則を
守っていたら、物語の結末は違っていたかもしれません。

第 6 章

アクティビストが
起こす変化

　この章では、今後ますます存在感を高めていくアクティビストについて、足元の動きと彼らが果たす役割を整理します。「アクティビスト＝企業価値を破壊する侵略者」という固定観念を再検証し、アクティビストの「変化のドライバー」の面に焦点を当てます。

1 変わるアクティビストの姿

（1）当たり前の存在になったアクティビスト

アクティビストは、企業の経営課題が長年にわたり改善されない場合、一定数の株式を取得して株主として経営陣に提言を積極的に行い、企業価値の向上を目指す投資家です。「物言う株主」とも呼ばれます。

アクティビストは、①経営陣との関係構築、②株主提案権の行使、③反対票キャンペーン、④会社提案議案の否決に向けた委任状争奪戦（プロキシー・ファイト）などの戦術を駆使し、企業価値の向上を目指します。

株式市場で潜在的な（本来的な）価値に比べて割安に放置されている企業に注目し、その株式を取得したうえで経営の効率化や株主還元の強化などを要求します。数ヵ月から数年経って株価を引き上げた後は、保有株式を売却して利益を確保します。

メディアを通じて見聞きするアクティビストの姿は、もう少し毒々しいかもしれません。アクティビストは多額の自己資本を抱える企業に株主還元の強化を要求するため、「企業が営々と築き上げた利益を短期間で収奪し、企業価値を破壊する」という印象が強いでしょう。アクティビストの具体的な姿は、企業の株式を取得して経営陣と派手に対立し、利益や不動産などの資産を配当や自社株買いの形で株主に還元させ、短期間で巨額の利益を手にして去っていく、というものです。

現実的には、過去10年でアクティビストは"普通の"企業に対して経営改善を迫る、株式市場では当たり前の存在になっています。当初の対象は大企業が中心でしたが、最近では中堅企業にも広がっています。

日本でも株主資本主義の原則が広く理解され、株式市場が成熟の度合いを高めるにつれ、アクティビストの主張は多くの投資家の賛同を得はじめています。

図表6-1はアクティビストによる株主提案件数を表したものです。株主提案件数は2014年には4件でしたが、その後は右肩上がりで増加し、22年は58件でした。23年は71件を数えています。

企業間の株式持ち合いが解消され、機関投資家が顧客の中長期的な投資リターンの最大化を目的に議決権を行使する流れは、今後も強まると予想されます。そ

図表6-1：アクティビストによる株主提案の提出件数の推移

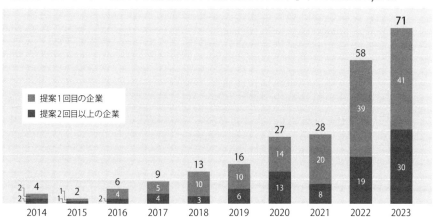

アクティビストによる株主提案の提出件数の推移（2023年12月末）
Source：IRジャパン「2024年3月期第3四半期決算説明資料」よりPwC Advisory作成

データ出所：アイ・アールジャパン集計

の下では、アクティビストやその行動原理を指すアクティビズムは、伝統的な機関投資家や長期投資の個人投資家を含む多くの市場参加者を巻き込みながらますます活発化していくでしょう。

（2）アクティビストのターゲット

アクティビストがターゲットとする企業を一言でいえば、経営に赤信号が点灯している企業です。具体的には、業績または株価パフォーマンスの不振、ガバナンスの問題・脆弱性、ESG領域の欠点などの問題を抱える企業です。

アクティビストのアプローチ手法は、年を追うごとに高度化・洗練化しています。その戦術を前掲の**図表1-3**で整理しましたが、関係構築から始まり、株主提案、反対票キャンペーン、委任状争奪戦（プロキシー・ファイト）とエスカレートしていきます。担い手は、個人、利益団体（支援団体）、長期投資を旨とする機関投資家、短期投資が特徴のヘッジファンドなど、多岐にわたります。一般的に同図表の下方に行くほど短期投資志向を強めます。

(3) アクティビストには一過性の対策は通じない

アクティビストの近年のアプローチを見ると、抜本的な経営改善を要求して持続的な企業価値の向上を目論む傾向が強まっています。

企業がこうした要求に対峙するには、自社株買いや増配だけでは不十分です。アクティビストが持続的な企業価値の向上を要求している以上、企業も中長期的視野に立った課題の解決と、持続的な企業価値の向上を通じて、株式市場の信認を得ることが求められています。

企業によっては、産業構造の転換や自社のビジネスモデルの陳腐化、経営資源の枯渇などを理由に、もはや自力で生き残ることが厳しい場合があります。その場合でも、アクティビストは自社株買いや増配で株主に資本を返すよう求めます。瀕死の企業に引導を渡すようなアクティビストの要求には非難が集まりがちですが、限りある経営資源である資本を誰に託すかを合理的に判断することは、資本主義の基本的な行動原理であるともいえます。前述したように、アクティビストは株式市場を使って、成熟分野から成長分野へ投資資金を回流させる機能を果たしているというわけです。

株式市場においては、アクティビストだけでなくあらゆる投資家が、どこで資金を運用するのが最も効率的かを常に試行錯誤しているのです。

2 アクティビストの行動と企業の行動変容

(1) "株式会社観"のぶつかり合い

アクティビストの主張である「投資先がなく現金を貯めこむだけなら、配当や自社株買いで株主に還元せよ」には、実は「企業が長期間にわたって蓄積した利益を昨日今日株主となった新参株主が奪っていく」という構図だけでは説明しきれないものがあります。

その主張は「英米の投資家が持つ株式会社観」、つまり「経済が健全に発展する中では、企業の栄枯盛衰、新陳代謝は当然に起こる」というものです。そこから導かれる投資家の行動とは、「企業には寿命があるのだから、投資した企業が資本を効率的に使えなくなれば、株主は資本を引き揚げて他の成長企業に投資し、資本をより効率的に活用するべき」といった考え方です。

この考えに基づけば、株主還元の強化や経営改革を要求するアクティビストは、

どの経済主体が資本の再配分を行うのが最も効率的かを企業や株式市場に問いかけているといえます。これは顧客、従業員、地域社会と良好な関係を保ちながら発展することが重要だという「日本企業が持つ株式会社観」には馴染まないかもしれません。

　しかし、今やこのような行動原理はアクティビストに特有のものではありません。投資家も、成熟企業が衰退事業から新しい成長事業に事業ポートフォリオを変えるのを待つより、その企業が資本を株主に返し、投資家自身が株式市場を通じてより高い成長が見込まれる企業に再投資するほうが資本の効率的活用につながる、と考えているのです。

　別の言い方をすれば、成熟期を超えて衰退期に入った企業が、勝ち目のない戦いを続けて現金を燃やす（損失計上を繰り返す）より、蓄積した利益を配当や自社株買いで株主に返却し、成長企業に回すべきということです。

（2）良いアクティビズムと悪いアクティビズム

　企業間の株式持ち合いの解消が進み、年金、保険会社、信託銀行などの伝統的な機関投資家の議決権行使が投資リターンを最大化する傾向を強めるにつれ、株式アクティビズムの動きもますます活発化するでしょう。

　アイ・アール　ジャパンの2023年3月期決算説明資料では、アクティビストの足元の動きについて「東証のPBR改善要請も追い風に、株主還元強化のみを求める提案も多数提出されている」と書かれています。企業が長年にわたって築き上げた利益や資産を短期間で収奪する動きは健在のようです。

　その一方で「業界再編を最終目的とした取締役送り込みや環境・社会に関連した計画策定など経営戦略全体に影響を与える提案が目立つ」とも分析しています。この点は「より抜本的な経営改善を要求して持続的な企業価値の向上を目論む」見方と重なります。

　今後、後者のような提案が増えれば、企業はアクティビストを「株価が低迷する企業を狙う侵略者」としてだけではなく、「変革のための良き提案者」といった多様な認識へと見直す必要がありそうです。

図表6-2：良いアクティビズムと悪いアクティビズム

良いアクティビズム

✓ 短期的な株主利益の最大化を迫るのみならず、事業ポートフォリオや戦略の見直しを迫り、中長期的な投資リターンの最大化を図る

悪いアクティビズム

✓ 対象会社に多額の借入れをさせ、それを原資に大規模な株主還元を迫る

✓ 他の一般株主の利益を犠牲に、もっぱら自己の私的利益を追求する

Source：太田洋『敵対的買収とアクティビスト』（岩波新書）より PwC Advisory 作成

　良いアクティビズムと悪いアクティビズムの違いは**図表6-2**のように整理できます。

　良いアクティビズムとは、単に短期的な株主還元の最大化を迫るのではなく、企業に事業ポートフォリオや事業戦略の見直しを迫り、中長期的な投資リターンの最大化を図ることと整理できます。企業が中長期的な企業価値の向上を目的にM&Aを活用し「自社の在り方の変容（トランスフォーメーション）」を進めることは、この狙いと通じる部分があります。これに対し、対象会社に多額の借入れをさせ、それを原資に大規模な株主還元を迫り、他の一般株主の利益を犠牲にして自己の私的利益を追求するのは、悪いアクティビズムといえるでしょう。

　いずれにせよ、アクティビストと対峙することは生やさしいことではなく、経営者やIR担当役員は、定期的なミーティングの場でアクティビストと厳しい議論を重ねる必要があります。これに加え、近年はアクティビスト自らが株式市場の広範な支持を得るために、株式取得の理由や経営改善提案をまとめたプレゼンテーション資料をウェブサイトで公開し、オープンな場で企業との議論を展開し始めています。

　このようなアクティビストの攻勢に対抗するために、十分な経営資源を割いている企業はそう多くはありませんが、生半可な対応では交渉は紛糾し長引くばかりです。ターゲットになった企業はアクティビスト対策に多大な時間と労力を費やし、その結果、経営体力を奪われてしまいます。またアクティビストがミーティングの場などで質問したことに対する回答は、アクティビスト以外の株主も

納得させるものでなくてはなりません。アクティビストにおもねるだけの回答は、他の株主たちを失望させるだけです。

　企業は自社の課題を客観的に見つめ直し、最良の対応策を準備したうえでアクティビストと向かい合い、持続的な企業価値を向上させる最適な解決策を導き、アクティビスト以外の株主をも納得させなければならないのです。

（3）アクティビストの動き

　大日本印刷は2023年3月に開かれた新中期経営計画説明会で社長が初めて登壇し、これから目指す収益・資本構造として、営業利益、自己資本、ROEの目標を設定することを説明し、重要な業績評価指標（KPI：Key Performance Indicator）としてROE10％とPBR1倍超を掲げました。

　また、最適資本の構築に向けた自己資本の圧縮を目的に、総額3,000億円程度の自己株式取得を計画、保有する自己株式は一部を消却する一方、M&Aへの活用を含めて検討することを発表しました。IR政策と株主還元を含むこの資本政策の大転換の背景にはアクティビストの圧力がありました。

　フジテックは2020年からアクティビストが株式を取得し、当初はサービス収入の強化と自己株式の消却を要求しましたが、足元では代表取締役の再任案への反対、社外取締役の解任・選任など、ガバナンスの問題・脆弱性を突いた株主提案を行っています。株主還元も強化され、もともとPBR1倍前後にあった同社の株価はバリュエーションを切り上げ、足元では2倍前後で推移しています。

　アクティビストの戦術という切り口で両社の事例を見ると、一時的な株式還元の強化からガバナンスの問題・脆弱性の追求へと洗練度を高めている点がわかります。

　では株価はどう変遷したでしょうか。**図表6-3**は大日本印刷とフジテックの過去8年間のPBRの推移を示したものです。いずれもPBRは1倍割れか1倍スレスレでしたが、フジテックはPBR1倍を超え、大日本印刷は1倍を超えずとも足元では上昇基調に転じています。

　短期的に企業の利益を収奪する存在と受け止められがちなアクティビストですが、侵略者の側面があるのは否めない一方、厳しいやり取りを通じて企業に変化を起こしている点は注目に値します。

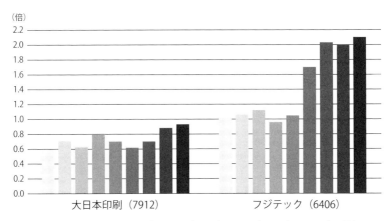

図表6-3：大日本印刷とフジテックのPBRの推移

（倍）

凡例：
2016年3月末 / 2017年3月末 / 2018年3月末 / 2019年3月末 / 2020年3月末
2021年3月末 / 2022年3月末 / 2023年3月末 / 2023年9月末

大日本印刷（7912）　　フジテック（6406）

3 M&Aとスピンオフ：外圧は変化の第一歩

　パーシャル・スピンオフは、令和5年度の税制改正で導入され、ポートフォリオ経営を促進する役割が注目されています。

　これは、親会社に一定の持分を残すスピンオフで、子会社は独立後も親会社と資本関係を持ち続けます。要件を満たせば株主などに対する課税の繰り延べが可能で、まずは令和5年度限りの特例措置として始まりました。

　こうした制度改正にも後押しされ、国内ではポートフォリオ経営が動き出しています。M&Aを通じて戦略部門の絞り込みや非戦略部門の売却を進めるポートフォリオ経営が上場企業の間で活発化すれば、株式市場がそれに前向きに反応し、PBRの水準を切り上げる好循環が期待できます。

　ソニーは、ブランディングの再強化、グループインフラの活用、金融事業の成長加速のため、同事業を営む100％子会社のパーシャル・スピンオフの検討を開始しました。実行後も一部株式を保有する前提で検討しています。

　日本に先んじること10年余り、米国ではスピンオフがダイナミックに行われ、企業価値の向上に寄与してきました。それをもたらした要因の1つに、アクティ

ビストの変質があります。アクティビストは、かつては株主還元の強化を専ら要求し、中には企業に過度な借入れをさせ増配や自社株買いを行わせることもありました。しかし、リーマンショック後はスピンオフを活用した事業の選択と集中へシフトし、米国企業の価値創造に一定の役割を果たしています。

　医薬品・医療機器製造のアボット・ラボラトリーズは、2013年にバイオ医薬品事業をスピンオフし、上場しました。ボラティリティの高い研究開発型バイオ医薬品事業をスピンオフすることで資本コストを低下させ、企業価値を向上させる狙いです。医薬品製造のファイザーは、2013年にアニマルヘルス（動物薬）事業を分社化、上場しました。動物薬事業をスピンオフし、革新的な新薬開発に集中し、企業価値を向上させる狙いです。いずれも親会社、スピンオフ子会社とも株価は上昇、企業価値は中長期的に向上しています。

推しの子：ファンや応援団を味方にする

> 「推しの子」は、2020年4月から連載が始まった漫画。2023年4月から
> TVアニメがスタート。エンタテイメント業界の表と裏を「アイドル×推し
> ×転生×サスペンス」で描きます。

　アクティビストが株式市場で存在感を高めるにつれ、多くの市場参加者の間でも、企業自らが時間をかけて衰退部門から成長部門に経営資源を移すよりも、アクティビストの提案に応じて事業ポートフォリオを転換する、そうでなければ株主に資本を返し、投資家自身がより高い成長を見込める他の企業に再投資するほうが資本の有効活用につながる、という認識が徐々に広がっています。

　米国のアクティビストもかつては株主還元強化の要求が中心で、今の日本と似たような状況にありました。しかし、リーマンショック後はスピンオフを活用した事業の選択と集中に要求がシフトしています。

　図表6-4では米国企業がスピンオフを活用した事例を紹介しています。すでに述べたアボット・ラボラトリーズやファイザーのほかには、米国を代表するコングロマリット企業のゼネラル・エレクトリック（GE）があげられます。同社は、長く続いたノンバンク部門の損失処理を終え、2023年1月にヘルスケア事業をスピンオフ、上場しました。さらに2024年初には再生エネルギー部門をスピンオフ、上場し、最終的には同社本体には航空部門が残りました。これらのスピンオフはいずれも株式市場でポジティブに評価され、株価は上昇しています。

　このようなアクティビストの要求の変化は日本でも起き、今後は株主還元の強化一辺倒から事業の選択と集中へ軸足を移していくと考えます。アクティビストの要求内容が企業価値を高める合理的なものであれば、その提案に賛同する伝統的な機関投資家や個人投資家も増えるでしょう。

　それでも、すべての投資家がこれに同調することはないでしょう。とり

わけ個人投資家は、投資リターンの大小でなく企業を応援したいという意思のほうが勝り、それが投資行動を左右することがあるためです。

　食品セクターに属するカゴメは個人株主との関係構築に注力しています。同社は個人株主をファン株主と呼び、ウェブサイトではIR情報欄の筆頭にファン株主向け情報が置かれています。イベントや株主優待、そして10年以上保有した株主には記念品を贈っています。この結果、同社の所有株式数の割合は、個人が約64％と金融機関（約21％）、法人（約9％）、外国法人（約6％）を大きく上回っています。これらのファン株主たちは、今後、同社がアクティビストに狙われたとしても、目先の投資リターンよりも会社を応援し、それが投資行動に反映される可能性が大きいです（したがって、アクティビストの働きかけは失敗する可能性が大きい）。

　アクティビストによる「ガイアツ」を退けるのは、会社のエクイティストーリーを支持する「推しの力」なのかもしれません。

図表6－4：米国企業のスピンオフ活用事例

Abbot & AbbVie	Pfizer & Zoetis	GE & GE HealthCare
✓2013年1月にアボットがバイオ医薬品事業をスピンオフ（アッヴィ） ✓ボラティリティの高い研究開発型バイオ医薬品事業をスピンオフすることで資本コストが低下、企業価値を向上させる狙い	✓2013年2月、アニマルヘルス（動物薬）事業を担うゾエティスを分社化、上場 ✓アニマルヘルス事業をスピンオフし、革新的な新薬開発に集中することで、企業価値を向上させる狙い	✓2023年1月、GEがヘルスケア事業をスピンオフ（GEヘルスケア） ✓2021年11月発表の分割計画の第一弾（航空、ヘルスケア、エネルギー） ✓GE本体には航空部門を残し*、コングロマリット・ディスカウントを解消し、企業価値を向上させる狙い

*Note：航空部門はGEキャピタルの残存事業（GEヘリテージ・オペレーションズ）と統合する予定
Source：各社IR資料よりPwC Advisory作成

第 7 章

上場の戦略的再考

　今は企業が上場を維持するために多大な経営資源が必要になり、対応することができない場合には、市場から正当な評価を受けられず、中長期的な企業価値の向上に支障をきたす可能性があります。株価が低位で推移すれば、M&Aのターゲットになり、場合によっては市場から退場せざるを得なくなるおそれがあります。

　この章では、上場維持に十分な経営資源を持たない場合の、次善の策を整理します。

1 上場維持は多大な経営資源を要する

　これまで見てきたように、PBR1倍超に挑戦することは不断の経営努力が必要なだけではなく、市場とのコミュニケーションなどに多くの経営資源を要します。

　中でも市場の期待に働きかけ信頼を得るためには、何よりも経営陣の意識改革が必要です。そのうえで企業はIRなどの体制強化を進めますが、それには投資家対応の窓口となる専門スタッフの育成を始め、かなりの経営資源を投入しなければなりません。この負担を重く感じる上場企業も少なくないでしょう。

　また、「上場ゴール」という言葉が表すように、かつては経営者の最終目標は株式上場で、その後の株価は市場任せでした。しかし、これからは上場後も企業価値を持続的に向上させることを強く求められるようになります。株式上場に向けた奮闘の次は市場との闘いが始まるのです。これは「（上場ゴールの）ゴールポストが動いた」のではなく、ゴールポストが本来あるべき場所に設置し直されたと考えるべきでしょう。

　一方、株式上場によって信頼やPR効果を得られること、そして優秀な従業員を採用できることは、企業にとって大きな魅力です。転職が一般化したとはいえ、新卒一括採用と長期雇用というメインストリームは健在なため、「上場企業だから安心」というブランド価値は今後も根強く残るでしょう。

　大きな金銭的成功を手にするためには、未上場の成長企業に入り、その後の上場と成長の果実を、給与や保有する自社株の上昇で享受するやり方もありますが、「言うは易く行うは難し」です。どの企業が将来大きく成長するかを予見して就職するのはほぼ不可能なので、やはり上場企業のブランドは、これからも輝き続けるのでしょう。

　こうしたメリットとデメリットのバランスを改めて検証し、自社の経営戦略に照らして上場すること（上場を維持すること）の意義を問い直す重要性は高まるでしょう。その結果、プライム市場からより規制が緩やかなスタンダード市場へ移行し、他の企業との合併や非上場化を行うことも重要な戦略の選択肢となるのです。

2 上場維持とM&Aの受け入れ

　今や経営者は、上場とはゴールではなくスタートであると認識する必要があります。経営者は上場後も企業価値を上げ続けなくてはならず、株式市場（投資家・アナリスト）との対話を経営の最重要項目と認識するのです。これらが十分でなければその企業は市場の信認を得られず、M&Aのターゲットとなったり、アクティビストの介入を招いたり、市場からの退場を余儀なくされたりします。

　経営者がこれらを経営上の負担だと考えるなら、他社からのM&Aの提案を受け入れその傘下に入ることも有力な選択肢の1つです。上場維持に必要な経営資源をもつ会社の傘下に入れば、一定の経営の自由度を維持できる可能性があります。上場企業であり続けることにこだわるあまり、M&Aのリスクにさらされ買収防止策に経営資源を割き、企業価値向上のための抜本的施策を打てないまま株価も低迷するよりは、中期的に良い結果を生む経営判断です。

3 市場移行は撤退にあらず

　プライム市場に上場する企業がスタンダード市場へ移行する流れが本格化しています。2022年4月に東証が再編されたときには、約2,200社あった旧東証1部企業のうち、338社が自主的にスタンダード市場に移行しました。23年4月に東証が設けた特例措置は無審査でスタンダード市場へ移行することを認めましたが、上場基準を満たさない経過措置企業269社のうち、この特例措置を使ってスタンダード市場へ移った企業は、特例措置の申請期限（同年9月末）までに177社に上りました。これはプライム市場に上場する企業の選別が始まったと見られがちですが、実際には、上場企業が多様な選択肢の中で自社の経営戦略に照らしてスタンダード市場への移行を選択していると見るべきです。

　プライム市場の上場会社は、今後もさまざまな分野で開示の充実が求められ、広い意味での上場維持コストは構造的に増加する傾向です。例えば、プライム市場の上場会社に対し、東証は気候変動に係るリスクおよび収益機会が自社の事業活動や収益などに与える影響について、必要なデータの収集と分析を行い、気候関連財務情報開示タスクフォース（TCFD）またはそれと同等の枠組みに基づく

開示の質と量の充実を進めるよう求めています。

　資本政策に柔軟性を持たせるため、自身が有する経営資源に照らして市場移行を行う上場企業は今後も増えると予想されます。こうした能動的な経営判断は、株式市場からも前向きに評価されるでしょう。「市場移行は撤退にあらず」です。

逃げるは恥だが役に立つ：
身の丈に合った上場戦略を生き抜くことが大切

> 　2016年の連続テレビドラマ。タイトルはハンガリーのことわざで、「恥ずかしい逃げ方だったとしても生き抜くことが大切」という意味だそうです。「逃げる」先にはびっくりするような幸せが待っていました。

　プライム市場の上場を維持するためには、株式の流動性[9]、ガバナンス、経営成績・財政状態における基準をクリアしなければなりません。上場企業が発行する株式が多くの機関投資家の投資対象となるためには、それにふさわしい時価総額と流動性が必要です。**図表7-1**のようにプライム市場とスタンダート市場の間には大きな開きがありますが、プライム市場の厳しい上場維持基準を守ることの負荷が大きいと感じる上場企業は少なくないでしょう。

　メルコホールディングス（IT関連機器製造）は2023年5月、本業のPC

9　有価証券取引において、いつでも売買が可能で、一度に売買可能な数量が問題とならないものを「流動性が高い」という。上場有価証券のうち、大株主および役員などの所有する有価証券や上場会社が所有する自己株式など、その所有が固定的でほとんど流通可能性が認められない株式を除いた有価証券を「流通株式」という。東証では、以下の者が所有する株式を流通性の乏しい株券などとして定めている。
　　・上場株式数の10%以上を所有する者または組合等
　　・上場会社（自己株式）
　　・上場会社の役員
　　・上場会社の役員の配偶者および二親等内の血族
　　・上場会社の役員、役員の配偶者および二親等内の血族により総株主の議決権の過半数が保有されている会社
　　・上場会社の関係会社およびその役員
　　・国内の普通銀行、保険会社、事業法人等

周辺機器の製造と関係の薄い製麺子会社（う
どんを製造する子会社、シマダヤ）をスピン
オフする計画を公表しました。同時に、同社
はプライム市場からスタンダード市場へ移行する計画も発表しました。こ
れらは企業価値を向上させるとともに、プライム市場では流通株式比率の
制約などで株主還元に制約を受けるため、スタンダード市場へ移行して株
主還元の手段を多様化することを狙いとしています。

　経営資源上の制約から、ROEを持続的に向上させて市場の信認を得て
株価を上げる（時価総額を増やす）ためにプライム上場維持の基準が負担
になるなら、スタンダード市場への移行は検討に値します。限りある経営
資源を有効に使って株式企業価値を持続的に向上させるためにプライム市
場から撤退する経営判断は、その企業の中長期的な価値増大にポジティブ
であると評価されるでしょう。

図表7-1：東証各市場の上場維持基準

プライム市場、スタンダード市場、グロース市場の上場維持基準（一部抜粋）

	プライム	スタンダード	グロース
流通株式時価総額	100億円	10億円	5億円
流通株式比率	35%	25%	25%

おわりに

　PBR 1 倍割れの常態化は、日本経済と日本企業が"慢性疾患"の状態にあるといえるでしょう。

　少子高齢化、二十数年にわたるデフレ経済、1997年の金融危機から2008年のリーマンショックまでたびたび繰り返された金融不安（企業にとっては借入不安）、2011年の東日本大震災、そして2020年からの新型コロナウイルスの影響……。

　慢性疾患はこれらの過程で発症し、その結果、企業のアニマルスピリットは減退し、投資行動は慎重化しました。

　慢性疾患を招いた要因は産業ごと、企業ごとに異なり、それらを解きほぐすには相当の時間を要するでしょう。症状の深刻化と同様に治療も経過観察も長期に及びます。

　また、2023年3月期の通期決算説明会でいくつかの企業が先進的に示したPBR 1 倍割れに係る現状分析は、次の機会（2024年3月期上期決算説明会、同通期決算説明会）では、より多くの企業が追随して取り上げ、変革の動きは裾野を広げると期待されます。ここで策定された計画が開示・実行の段階に入れば、試行錯誤を繰り返す中でPBR 1 倍超えの成果を上げる企業が増えるとの期待も高まります。

　一方、決算説明会や個別のミーティングで投資家やアナリストに十分な分析を示すことができなかった企業の中には、その後の株価パフォーマンスがセクター内で相対的に劣後する事例も観察されます。ここからの失地回復は重要な経営課題です。

　慢性疾患は治療も経過も長期に及ぶがゆえに、今すぐ始めることが重要です。幸い、日本経済と日本企業を取り巻く環境は好転し、舞台装置は整い始めています。

　もちろん、外部環境の好転だけでは健康体は取り戻せません。超低成長下の日本経済にあっては、デフレからの完全脱却ですべての企業の株価が上昇してPBR 1 倍超が自動的に実現するといった奇跡は、残念ながら起きないでしょう。市場の期待に働きかけてPERを切り上げることができた企業にのみ、幸運の女神が微笑みかけるのです。

　また、慢性疾患でも生活習慣病によるものは、周囲の協力を得ながら治療する

ことがカギです。政策面でのサポートやM&Aなどにおける外部専門家の知見を活用しながら、1社でも多くの上場企業がアニマルスピリットを取り戻し、PBR 1倍を超える株式市場の評価を獲得することが望まれます。それが積み重なって、産業界全体、日本経済全体の活力・熱量が高まっていくのです。

　具体的な取組みが本格化するには、株式市場が当初期待した以上に時間がかかりそうです。雌雄を決するのは何年も先になるかもしれません。各企業の粘り強い取組みを注視したいと思います。

　一方、行動変容（トランスフォーメーション）が求められるのは上場企業だけではありません。株主も目覚めるときです。投資先の企業に対し、①戦略部門に設備投資して投資効率を上げてほしい、②非戦略部門から撤退して有限の経営資源を無駄にしないでほしい、③それができないなら自分でより良い投資先を探すからカネを返してほしい（株主還元してほしい）と声を上げ、それを企業にしつこく伝えるべきです。

　このような投資行動は、アクティビストだけに許される特権ではありません。伝統的な機関投資家や長期投資を行う個人投資家の間にも、アクティビストの経営改革案への賛同者が増えています。この動きが雪崩を打って始まるときこそ、PBR 1倍割れ問題への取組みが本格化するのだと考えます。

　慢性疾患の治癒には、上場企業と投資家の双方の行動変容が必要なのです。

◇著者紹介◇

守山　啓輔（もりやま けいすけ）

1990年、国内大手銀行に入行し、調査・経営企画業務に従事。2005年に国内大手証券会社に移り、銀行セクターの株式調査に従事。その後、外資系証券会社にて、銀行、ノンバンク、決済関連フィンテック企業の株式調査に携わり、クロスセクターリサーチに強みを発揮。また、大手信用保険会社の日本拠点における引受責任者として経営に携わり、事業基盤の拡大をリードした経験も持つ。

2020年2月より、金融機関、フィンテック企業、事業法人の金融部門に対し、戦略立案やM&A、海外進出や経営統合支援等に関するアドバイザリー業務に従事。また、経営層向けにマンスリー・セミナーをオンラインで行う。

M&A Booklet

「PBR 1 倍割れ」の基礎知識
M&Aによる価値向上への処方箋

2024年7月25日　第1版第1刷発行

著　者　守　山　啓　輔
発行者　山　本　　　継
発行所　㈱中　央　経　済　社
発売元　㈱中央経済グループ
　　　　パ ブ リ ッ シ ン グ

〒101-0051　東京都千代田区神田神保町1-35
電話　03 (3293) 3371 (編集代表)
　　　03 (3293) 3381 (営業代表)
https://www.chuokeizai.co.jp
印刷・製本　文唱堂印刷㈱

ⓒ 2024
Printed in Japan

*頁の「欠落」や「順序違い」などがありましたらお取り替えいたしますので発売元までご送付ください。（送料小社負担）
ISBN978-4-502-50401-3　C3334